湖北省教育科学规划2024年度重点课题
“高校青年教师创新能力形成机制研究”（编号：2024GA052）研究成果
2024年度湖北省教育厅哲学社会科学研究专项任务项目（教师队伍发展）
“拔尖创新人才培养视域下高校青年教师创新能力形成机制研究”（编号：24Z292）研究成果
汉口学院2024年校级教材建设项目研究成果

师者之路

高校教师成长与超越

胡 征 著
王祖山 主审

河北大学出版社
·保定·

出 版 人：马　力
责任编辑：张　磊
封面设计：兰图文化
责任校对：李　易
责任印制：常　凯

SHIZHE ZHI LU
GAOXIAO JIAOSHI CHENGZHANG YU CHAOYUE

图书在版编目（CIP）数据

师者之路：高校教师成长与超越 / 胡征著. 保定：河北大学出版社，2025. 5. -- ISBN 978-7-5666-2664-6

Ⅰ. G645.12

中国国家版本馆CIP数据核字第20253JP995号

出版发行：河北大学出版社
地址：河北省保定市七一东路2666号　邮编：071000
电话：0312-5073003　0312-5073029
网址：www.hbdxcbs.com
邮箱：hbdxcbs@163.com
经　　销：全国新华书店
印　　刷：保定市文昌印刷有限公司
幅面尺寸：170 mm × 240 mm
字　　数：230 千字
印　　张：15.5
版　　次：2025 年 5 月第 1 版
印　　次：2025 年 5 月第 1 次印刷
书　　号：ISBN 978-7-5666-2664-6
定　　价：79.9 元

如发现印装质量问题，影响阅读，请与本社联系。
电话：0312-5073023

前　　言

站在讲台上的第一年，我常盯着教室后排打盹的学生发愁，精心设计的课件为何敌不过清晨的困意？实验室深夜亮着的灯，照见的是科研数据还是职业焦虑？从讲师到教授，从普通教师到管理者，这条看似光鲜的学术之路，是否注定要在教学、科研与行政的三角漩涡中反复拉扯？

这些问题曾是我职业生涯的暗礁，也是无数高校教师共同的困惑。我们被称作“人类灵魂的工程师”，却在职称评审、教学考核、科研考核中逐渐模糊了教育者的初心。直到某天，一位老教授对我说：“教育不是注满一桶水，而是点燃一把火。但若连自己心中的火苗都熄灭了，又拿什么照亮学生？”这句话如当头棒喝，让我开始重新审视这条“师者之路”，于是就有了这本书。

这本书不是一本刻板的职业指南，而是一张动态地图。从初登讲台的青涩到成为“大先生”的从容，从科研迷茫到学术领航，从角色撕裂到生命整合，书中的每一章都像一座驿站。“角色定位”是系好职业生涯的第一粒纽扣，“职业进阶”是看清前路的坐标，“短期成长”教你用教学比赛与科研课题夯实根基，“中期发展”助你在职称与行政的双轨上破局，“长期超越”则指向立“大先生”之志的星辰大海。而当你遭遇“青椒焦虑”“中椒倦怠”，甚至“银发转型”的瓶颈时，那些鲜活的案例会让你发现——危机不是终点，而是蜕变的起点。

这本书源于我多年来在高校教学与研究中的深刻体会，也源于我与无数高校教师的交流中感受到的那些共鸣与无奈。书中藏着许多“微小而确定的答案”，如何将一堂课讲成“知识脱口秀”？省级课题申报书里藏着哪些隐形密码？职称晋升的“三维模型”究竟是什么？当院长需要修炼哪些“非典型领导力”？这些问题的答案来自上百位教师的真实故事，融合了教育学、心理学与管理学的智慧。比如，用“双螺旋模型”解构职业发展，你会发现教学与科研并非此消彼长，而是缠绕上升的DNA链；用“情绪花园”缓解压力，焦虑也能化作滋养心灵的养分。

更重要的是这本书想告诉你，高校教师的终极幸福不在于职称头衔的光环，而在于找到属于自己的“教育生态位”，有人擅长在实验室培育创新的种子，有人乐于在田野间架起学术与社会的桥梁，有人甘做学生心灵成长的“隐形脚手架”。正如山间树木各有姿态，有的向阳而生，有的在崖壁扎根，却共同构成一片生机勃勃的森林。

此刻翻开这本书的你，或许正为课题申报焦头烂额，或许在行政会议与备课教案间疲于奔命，又或许站在职业岔路口犹豫不决。但请相信，每一次深夜伏案的坚持，每一次与学生眼神交汇的触动，每一份对知识纯粹的热爱，都在悄然塑造着一位“未来教师”的模样。教育的真谛从来不在远方的标杆，而在脚下深耕的土壤。

师者之路，始于敬畏，成于热爱，终于慈悲。愿这本书成为你案头的一盏灯，照亮琐碎中的意义，困惑里的转机，平凡下的壮阔。毕竟，教育人生不是一场竞速赛，而是一次次静待花开的修行——我们终将在耕耘中，长成自己最舒展的模样。

2025年2月1日

目　录

第一章　角色定位：开启高校教师的职业生涯

案例：李老师的困惑

李老师是一位高校教师，在踏入大学任教之前，他怀揣着对教育事业的满腔热忱，一心憧憬着能在讲台上挥洒汗水，将自己所学的知识毫无保留地传授给学生。在他的认知里，高校教师的工作就如同他曾经的大学老师一样，备好课、上好课，赢得学生们的喜爱与尊重，这便是这份职业的全部意义。

怀揣着这样的期待，李老师顺利地开启了他的高校教师生涯。前两年，他全身心地投入教学工作中，精心设计每一堂课，积极与学生互动交流，课堂氛围十分活跃，学生们对他的评价也颇高。看着学生们在自己的教导下逐渐成长，李老师心中充满了成就感，他觉得自己已经找到了这份职业的价值所在。

然而，当年终考核的通知下达时，李老师才发现，现实远没有他想象的那么简单。年终考核的指标涵盖了教学、科研、社会服务等多个维度，而不仅仅是教学这一项。对于科研，李老师虽然在攻读博士学位期间发表过几篇论文，但自从任教以来，由于将大量的时间和精力都放在了教学上，几乎没有再开展新的科研项目，也没有发表新的论文。在社会服务方面，他更是毫无头绪，不知道高校教师的社会服务具体包括哪些内容，更不知道该如何去开展。

面对如此多维度的考核，李老师感到十分困惑和焦虑。他开始质疑自己之前的工作方式是否正确，是不是过于专注于教学而忽略了其他方面的发展。他甚至产生了一种挫败感，觉得自己在高校教师这个岗位上做得并不够好，没有达到学校的要求。

在考核的那段时间里，李老师每天都过得忧心忡忡。

案例中李老师的困惑并非个例，而是许多高校新晋教师在职业发展初期都会面临的挑战。高校教师的角色并非单一的课堂教师，而是一个集多种职能于一身的多维度教育者。具体而言，高校教师的角色不仅仅是上课，还包括学术研究和社会服务。这三者相辅相成，缺一不可。

知识的传播者：通过课堂教学、学生指导等方式，传授专业知识，培养学生的能力与品格。

学术的探索者：通过科研活动推动学术前沿的发展，发表高质量论文，申请科研项目，推动学科发展。

社会的服务者：将学术成果转化为社会价值，参与社会活动、政策咨询、行业服务等，为社会发展贡献力量。

只有在教学、科研和社会服务等 3 个方面协调发展，并在其中找到自己的优势领域，才能成为一名优秀的高校教师。

第一节　知识传授与立德树人

一、传道授业解惑：知识传授的艺术与方法

案例：一堂“失败”的课

张老师是一名主讲现代文学概论的高校教师，他对这门课充满热情，备课时查阅了大量资料，甚至将课堂内容扩展到文学批评的最新动态。他自信满满地走进教室，每次都滔滔不绝地讲上整整两节课，他觉得自己表现得堪称完美。然而，期末学生的匿名反馈却让他大吃一惊：“老师讲得

很深入，但我听不懂。”“课堂内容太多，记不住重点。”“老师讲的是他喜欢的东西，但和我们没什么关系。”张老师对此感到十分挫败，他明明投入了大量的时间和精力，为什么学生却不买账呢？

高校教师不是知识的“搬运工”，而是知识的“点燃者”。一堂课的成功，不在于你讲了多少内容，而在于学生记住了什么、感受到了什么、改变了什么。知识传授的本质是共鸣，只有当学生的兴趣被激发、思维被点燃时，知识才会真正进入他们的内心。

然而，知识的传播并不仅仅是为了传授技能或信息。作为高校教师，我们肩负着更深层次的使命——立德树人。立德树人不是空洞的口号，而是通过教育帮助学生建立正确的价值观、培养健全的人格。立德的核心是共情，只有当教师真正理解学生的需求、关切他们的成长，才能在知识传授的同时，润物细无声地塑造他们的品格。正如陶行知先生所说：“千教万教，教人求真；千学万学，学做真人。”知识的传播者不仅要教会学生“知道什么”，更要引导他们“成为怎样的人”。

那么高校教师应该如何成为一名真正的知识传播者？

（一）从“讲知识”到“讲故事”

抽象的知识往往显得枯燥，但生动的故事却能让知识鲜活起来。案例中的张老师在积极反思后，决定改变自己的教学方式。他不再一味地讲解文学理论，而是通过生动的文学故事和作家的人生经历，将理论融入情境之中。例如，在讲解鲁迅时，他不仅分析了《呐喊》的艺术价值，还讲述了鲁迅如何从一名医学学生转变为文学斗士的心路历程。学生们听得津津有味，课堂气氛也活跃了起来。

讲故事的力量在于它能让学生产生情感共鸣。知识只有与情感相结合，才能真正触动人心。教师可以通过案例、比喻、历史事件等方式，将抽象的知识转化为具体的情境，让学生听得懂、记得住、用得上。

（二）从“教会”到“启发”

知识的传播不是灌输，而是启发。教师的任务不是告诉学生“答案是什么”，而是引导他们思考“为什么”。于是，案例中的张老师开始在课堂上尝试提问式教学。他会在讲解之前抛出问题，例如，“如果你是鲁迅，生活在那个时代，你会选择拿起笔还是手术刀？”学生们带着问题去听课，思维被激发，课堂参与度也大大提高。

启发式教学的关键在于教师要学会少讲多问。通过问题引导学生主动思考，而不是被动接受。正如苏格拉底所说：“教育不是灌满一桶水，而是点燃一把火。”

（三）从“知识传授”到“价值引领”

立德树人需要教师在课堂上有意识地融入价值观教育。案例中的张老师在讲解文学作品时，不再局限于文本分析，而是引导学生思考作品背后的价值观。例如，在讲解《雷雨》时，他引导学生讨论家庭关系与社会责任；在分析《边城》时，他让学生思考人与自然的和谐共生。通过这些讨论，学生不仅学到了文学知识，还在潜移默化中形成了对社会和人生的深刻思考。

价值引领不是说教，而是通过知识的传播，让学生在学习中感受到真善美的力量。教师要善于抓住课堂中的教育契机，用真实的案例、深刻的问题，引导学生思考“我是谁”“我要成为什么样的人”。

（四）从“单向输出”到“双向互动”

知识的传播不是单向的，而是双向的。教师不仅是知识的传授者，也是学生的学习伙伴。案例中的张老师开始在课堂上鼓励学生提问、发表观点。他发现，学生的提问往往能启发他从新的角度看待问题，而学生的观点也让课堂变得更加丰富多彩。

双向互动的课堂不仅能提高学生的参与感，还能让教师更好地了解学生的需求和困惑。教师要学会倾听学生的声音，尊重他们的想法，真正做到以学生为中心。

二、立德树人：教育的根本使命与实践逻辑

案例：李教授的课堂

在一所知名高校里，有一位备受学生喜爱的李教授。他主讲的专业课程原本是一门理论性极强、内容枯燥的学科，很多学生都望而生畏。然而，李教授的课堂却总是座无虚席，甚至连其他专业的学生都慕名而来。李教授在讲台上就像一位神奇的魔法师，他总能把晦涩难懂的专业知识，用生动有趣的故事、贴近生活的案例和简单易懂的比喻呈现出来。有一次，在讲解一个复杂的学术概念时，他没有直接照本宣科，而是讲起了自己年轻时参与的一个实际项目，通过讲述项目中遇到的问题和解决办法，让学生们轻松地理解了这个概念的应用场景和实际意义。

不仅如此，李教授还非常注重在课堂上立德树人。有一次在讨论一个专业领域的前沿问题时，涉及学术诚信的话题。李教授没有一带而过，而是停下课程进度，给学生们分享了一些学术界因为学术不端而身败名裂的真实案例，以此来严肃地告诫学生们，学术诚信是每一个学者的底线，是做人的基本准则。在他的引导下，学生们展开了热烈的讨论，并深刻地认识到了诚信的重要性。多年后，那些曾经听过李教授课的学生，有的已经成为行业内的精英，他们在回忆起李教授的课堂时无不感慨地说道：李教授不仅教会了我们专业知识，更教会了我们如何做人，如何成为一个有责任感、有担当的人。

知识传授的本质是共鸣，立德树人的核心是共情。教师作为一名知识的传播者，不仅要传授知识，更要点燃学生的思维；不仅要教会学生技能，更要塑造他们的品格。教学的过程不是简单的讲和听，而是一次次心灵的碰撞和思想的交流。正如一位教育家所说："教育的本质是一个灵魂唤醒另一个灵魂。"作为知识的传播者，我们要用知识点燃学生的智慧，用价值观塑造学生的灵魂。只有这样，我们才能真正实现知识传授与立德

树人的统一，成为学生人生路上的灯塔。

案例：林教授的教学改进

让我们再来认识一下某高校文学院的林教授。那年他 42 岁，正处在学术黄金期，但他的职业生涯却像突然被按下了暂停键——他设计的古典诗词密码学选修课，往年总是很快就被学生选满，今年却只有稀稀落落十来个名字。更让他错愕的是，课堂上总能看到学生对着手机屏幕偷笑，后来才知道他们是在用人工智能续写他精心准备的飞花令。

某个春寒料峭的傍晚，林教授在教师食堂遇见了新来的数字人文专家周老师，对方边捧着虚拟现实设备向他演示边说道："您看，我们把《醉翁亭记》做成了全景影像，学生戴着设备就能体验'环滁皆山也'的意境。"林教授平时习惯于夹着粉笔的手微微一颤，那支跟了他 20 年的红木钢笔从记事本里滑落，在瓷砖地上敲出清脆的声响。

事情的转折发生在教师发展中心的跨学科工作坊里。当青年教师小吴用大数据分析出学生最困惑的《诗经》意象时，林教授突然意识到：原来那些低头族不是对经典冷漠，只是渴望更鲜活的解码方式。于是，他开始尝试把训诂学变成"古籍侦探游戏"，让考据过程像剧本杀般展开。最动人的画面发生在某个雨夜，3 个学生自发留下，和他讨论如何用区块链技术保护非遗吟诵调。

林教授开始定期参加教育技术午餐会，不再抗拒在课堂中融入新技术，甚至和计算机系合作开发了"诗词基因图谱"系统。在首届数字人文班的结课展示会上，学生用全息投影重现《洛神赋》时，李教授的眼角泛起的不只是科技的光晕，还是文化的泪光。就像他在新书扉页上写的："教育不是对抗变化的堡垒，而是培育生命力的土壤——我们播撒传统的种子，却要用未来的雨露浇灌。"

亲爱的教师朋友们，让我们用知识去启迪智慧，用品格去塑造灵魂，让每一个学生都能在知识的海洋中找到自己的方向，成为更好的自己。

第二节　学术探索与科研人生

案例：一位“教书匠”的转变

张老师是一位高校教师，教龄已有 15 年。他的课堂生动有趣，学生们都非常喜欢听他的课。但随着时间的推移，他发现自己在教学上遇到了瓶颈，自己讲授的内容虽然深入浅出，但总是停留在教材的框架内，缺乏新意，无法给学生带来新的知识和启发。一个偶然的机会，一位同事向他展示了人工智能在教学中的应用，他大受震撼，顿时感到自己像一个“山顶洞人”，于是张老师开始反思。他意识到，只专注于教学而忽视科研，就像是在一条单行道上行走，视野会越来越狭窄。于是，他开始尝试开展科研工作，从一个小课题入手，不断进行探索和研究。随着科研工作的深入，他发现自己对教学内容有了更深刻的理解，能够将最新的研究成果融入课堂教学中，让教学变得更加生动有趣。学生们也被他带来的新知识所吸引，课堂互动更加积极。张老师也因为科研成果的积累，获得了更多的晋升机会，在学术领域逐渐站稳了脚跟。

一、科研力：大学教师投身科研的重要意义

高校教师为何要做科研？因为教而不研则浅，科研对于高校教师来说是提升自我、推动教学发展的重要途径。科研就像是一面镜子，能够让我们看到自己在专业领域的不足，从而不断学习和进步。同时，科研成果也能够为教学提供新的素材和方法，让教学更加富有活力。

教学是传递知识，而科研是创造知识。没有科研的教学，就像一条没有源头的河流，终将干涸。科研让教师站在知识的最前沿，成为学生眼中真正的灯塔。更重要的是，科研让教师不断挑战自我，突破认知的边界，

体验到未知被揭示的喜悦。正如爱因斯坦所说："提出一个问题往往比解决一个问题更重要。"科研的过程就是不断提出问题、解决问题的过程，也是教师自我成长的过程。

科研还能让教师找到职业的意义感。教学的成果往往是隐性的，学生的成长需要时间才能显现，而科研的成果却是显性的，每一篇论文、每一个实验结果，都是对自己努力的直接回馈，这种成就感能让教师在职业生涯中保持热情和动力。

二、第二曲线创新：科研引领教育人生进阶

那么高校教师应该如何成为一名科研的探索者呢？

（一）从兴趣出发，找到自己的研究方向

选择一个合适的研究方向是科研工作的第一步。在选择研究方向时，我们可以结合自己的兴趣和专业特长，同时关注学科的发展趋势和社会需求。可以通过阅读大量的文献、参加学术会议、与同行交流等方式，了解当前的研究热点和前沿问题，从而确定一个具有研究价值和发展潜力的方向。

（二）积极作为，探索未知领域

在开展研究工作的过程中，要保持严谨的态度和创新的精神。要善于收集和整理数据，运用科学的研究方法进行分析和论证。同时还要积极与同行进行交流和合作，分享研究成果和经验，共同解决研究中遇到的问题。

（三）总结经验，发表科研成果

科研工作的最终目的是取得成果，并将成果发表出来，让更多的人了解和应用。在研究工作取得一定成果后，要及时进行总结和归纳，撰写学术论文或研究报告。在发表成果时，要选择合适的学术期刊或会议，确保成果能够得到广泛的传播和认可。

（四）坚持写作，记录科研的每一步

写作是科研的重要组成部分。无论是论文、研究报告，还是学术随

笔，都能帮助你梳理思路，记录科研的每一步。刚开始时，可以尝试写一些短文，如教学反思、文献综述，逐步培养自己的学术写作能力。请你记住，写作是科研的出口，只有通过写作，科研成果才能被分享和传播。

（五）保持好奇心，永远追问“为什么”

科研的本质是好奇心。不要满足于现有的知识，而是要不断追问“为什么”。例如，为什么学生在课堂上对某些知识点反应冷淡？为什么某种教学方法在不同的班级效果不同？这些“为什么”就是科研的起点。只有保持好奇心，才能让你在科研的道路上不断前行。

（六）科研反哺教学，把科研带进课堂

学术探索不应该只是实验室里的秘密。你可以把科研项目中的有趣案例带到课堂上，让学生们感受科研的魅力。例如，当讲到一个理论时，可以分享你在研究中遇到的难题和解决方法。这样学生们不仅能学到知识，还能看到知识背后的探索过程。

（七）鼓励学生参与，点燃他们的科研热情

学生们天生好奇，他们渴望探索未知。你可以设立一些适合本科生参与的小型科研项目，让他们在实践中学习。例如，你可以组织一个科研小组，让学生们自由选题、自主研究，你只需要在旁边给予指导。这时你会发现，学生们在科研中展现出来的创造力和热情会让你惊讶。

（八）培养思维，激发学生的批判精神

学术探索需要质疑和批判。你可以鼓励学生对现有的理论提出疑问，不要害怕挑战权威。例如，在课堂讨论中，你可以故意提出一些有争议的观点，激发学生的思考。请你记住，批判性思维是学术探索的翅膀，有了它，学生们才能飞得更高、飞得更远。

（九）享受研究，让学术充满乐趣

学术探索不应该是一件枯燥的事情。你可以用幽默和热情去感染学生。例如，当你讲解一个复杂的概念时，可以使用一些有趣的比喻或者搞笑的插图，让学生们在轻松的氛围中感受学术的魅力。请你记住，乐趣是学习的最好动力。

案例：李教授的研究与教学融合之旅

李教授是学校里出了名的“学术狂人”，但他从不把自己关在实验室里，而是把学术探索融入日常教学中。有一次，他讲到一个复杂的理论问题，学生们听得一头雾水。李教授却笑着说：“别急，我们来做个实验。”说完，他拿出一些简单的道具，现场演示起来。学生们的眼睛一下子就亮了，复杂的理论瞬间变得生动起来。

李教授不仅在课堂上带领学生探索知识，还鼓励他们参与科研项目。他常说：“科研不是高不可攀的，每个人都可以是探索者。”他带着学生一起做实验、写论文，甚至让他们参与一些国家级的科研项目。学生们在他的引导下，不仅学会了知识，还学会了如何思考、如何创新。

科研不是高校教师的负担，而是一场自我发现的旅程。通过科研，你不仅能拓展知识的边界，还能找到职业的意义感，体验到创造的喜悦。正如案例中张老师的经历一样，科研让他从一名“教书匠”成长为一名真正的学术探索者。他的课堂不再是知识的重复，而是思想的碰撞；他的职业生涯不再是平淡的重复，而是充满了挑战和成就。

所以，亲爱的教师朋友们，勇敢地踏上科研的旅程吧！让我们一起成为学术的探索者，在知识的海洋中发现属于自己的那片星辰大海。

第三节　社会服务与价值转化

案例：一项锁在象牙塔里的研究

某高校的一位教授，他一直专注于人工智能领域的前沿研究。他的团队开发了一种极具潜力的算法，可以显著提高医疗影像的诊断效率，尤其是在早期癌症筛查中表现出色。这项技术如果应用于实际医疗场景，可能会挽救成千上万的生命。然而，这位教授却将全部精力都放在了发表论文和申请专利上。他的目标是让这项研究成为学术界的里程碑，而不是解决实际问题。

几年后，这项技术依然停留在实验室里，既没有被推广到医院，也没有被转化为实际产品。与此同时，另一个国外的研究团队开发了类似的技术，并迅速将其商业化，造福了无数患者。相比之下，这位教授的研究虽然在学术界获得了高度评价，但对社会的实际贡献却微乎其微。

一、社会服务者角色：知识转化的桥梁

知识如果不服务社会，就会失去温度。知识本身是冰冷的，但转化的过程却能赋予它温度。高校教师掌握着前沿的知识和技术，就像手握一把打开世界大门的钥匙。可是，如果这把钥匙只在实验室和教室里转悠，那么它就失去了真正的意义。知识转化就是把知识从象牙塔里请出来，让它走入社会的每一个角落。就像阳光，只有洒向大地，才能孕育万物。我们不能满足于自己懂了多少知识，更要思考如何让这些知识去改变生活、改变世界。知识转化的过程其实也是教师实现自我价值的过程。当我们看到自己的知识在社会中生根发芽、开花结果，那种成就感是任何荣誉都无法比拟的。

知识的意义不在于它被锁在象牙塔里，而在于它能否被转化为社会的实际价值。高校教师的职责不仅是传授知识，更是将知识转化为社会的生产力。学术研究的终点不是论文的发表，而是问题的解决。一个真正的学者，不仅是知识的创造者，更是社会的服务者。

那么高校教师应该如何将知识转化为社会贡献呢？

（一）关注社会需求

高校教师要时刻关注社会的发展动态和实际需求，了解行业的痛点和难点问题。高校教师应该多参加社会调研活动，多与企业、社区、政府部

门合作，了解它们最短缺什么知识。例如，绿水青山就是金山银山，企业肯定需要节能减排的相关技术；随着新时代“银龄行动”的启动，社会需要多一些养生保健方面的知识和研究。

（二）建立合作关系

走出校园，积极与企业、政府、社会组织等建立合作关系，开展产学研合作。通过合作，了解它们的需求，整合各方资源，实现优势互补。企业可以提供实践平台和资金支持，高校教师可以提供技术和人才支持，共同推动知识转化和创新发展。例如，可以通过产学研合作项目，将实验室的成果转化为实际产品。

（三）培养创新能力

知识转化需要具备创新能力，能够将理论知识与实际应用相结合，提出新的解决方案。高校教师要注重培养自己和学生的创新思维和实践能力，鼓励学生参与科研项目和创新创业活动，提高他们的综合素质和竞争力。

案例：将论文写在祖国的大地上

老胡是某高校的教授，他研究的领域是农业技术，虽然听起来有点土，但却是关乎民生的大事。老胡有个绝活儿，他能把那些高深的农业理论知识转化成农民们听得懂、用得上的技术。有一次，他去一个贫困山区的村子，发现那里的苹果树产量低得可怜。他没有摆出一副专家的架子，而是和果农们一起下地，用最通俗的语言讲解修剪枝条、施肥浇水的技巧。他还把一些复杂的农业病虫害防治知识编成顺口溜，帮助果农们轻松记住。结果第二年，那里的苹果产量就翻了一倍，果农们的收入也跟着水涨船高。老胡说：“知识就像一座宝藏，只有把它从书本里搬出来，送到真正需要它的人手里，才能真正实现价值。”

二、上下求索：如何成为一名社会服务者

案例：一位教授的社区课堂

张教授在某个高校的化学系任教，平时研究的都是高大上的化学材料。有一次，他去参加一个社区科普活动，给居民们讲环保知识。居民们听得津津有味，还问了好多问题，如家里的塑料垃圾怎么处理才环保、装修材料有没有危害等。这时张教授才发现，原来大家对这些知识的需求这么强烈。从那以后，他开始利用业余时间给社区居民做科普讲座，还带着学生一起做环保调研，把专业知识用在了服务社会上。慢慢地，社区环境变好了，居民们的环保意识也提高了。张教授说这种成就感比发表一篇核心期刊的论文还让他开心。

社会贡献听起来好像很宏大，其实它就在我们身边。高校教师的社会贡献不仅仅是教书育人，更是用自己的知识和行动去服务社会。知识的价值在于分享，服务社会是教师的使命。高校教师的身份不仅仅是课堂讲授者和学术研究者，更是社会的服务者。知识的意义不在于占有，而在于分享。教师的学术成果如果仅仅停留在论文和书籍中，而没有转化为社会的实际价值，那它就像一颗未被点燃的火种，无法照亮他人。

社会需要教师，因为教师是知识的传播者、思想的启迪者和文化的守护者。高校教师拥有的知识和视野，远远超出了普通人的认知范围，而这种优势赋予了他们一种特殊的责任，即用自己的专业能力去回应社会的需求。无论是通过科普讲座、社区服务，还是参与公共政策的制定，高校教师都可以成为社会进步的重要推动者。

哲学家约翰·杜威曾说："教育不是为生活做准备，教育本身就是生活。"同样，教师的工作也不仅仅局限于课堂，教师的存在本身就是一种社会服务。高校教师的价值不仅体现在培养学生上，更体现在他们如何用自己的知识和智慧去影响更广泛的社会。

那么高校教师应该如何成为一名真正的社会服务者呢？

（一）从身边的小事做起

别以为所谓的社会贡献就得干惊天动地的大事，其实不然。社会的需求是多样的，高校教师可以根据自己的专业和兴趣，找到适合自己的服务方向。例如，医学专业的教师可以参与社区义诊、健康讲座等活动，为居民提供医疗咨询和健康指导；法律专业的教师可以为社区居民提供免费的法律咨询服务，帮助他们解决法律纠纷；文学专业的教师可以组织读书会，帮助社区居民提升阅读能力；理工科的教师可以开展科普活动，向公众普及科学知识；经济学专业的教师可以为中小企业提供经营建议。通过上述方式，高校教师可以将自己的专业知识转化为实际的社会服务，从而为社会做出贡献。

（二）参与公共事务，发挥专业影响力

高校教师可以通过参与公共政策的制定、担任社会组织的顾问等方式，直接影响社会的发展。例如，一位法学教授可以为地方政府提供法律咨询；一位教育学教授可以参与教育改革的讨论；一位经济管理学教授可以申请国家社会科学基金，为国家重大理论问题和实践问题出谋划策；一位理工科正高级实验师可以申报国家自然科学基金，为国家重大战略需求和重大科学前沿服务。通过上述方式，高校教师不仅能够服务社会，还能让自己的专业知识在更大的范围内发挥作用。

（三）建立长效的社会服务机制

社会服务不是一次性的活动，而是一种长期的责任。高校教师要有持之以恒的精神，社会贡献不是一朝一夕的事，可能一开始看不到效果，但只要坚持下去，总会有所收获。请你记住，只有将社会服务融入自己的职业生涯，才能真正实现教师的社会价值。每一次贡献都是在为社会添砖加瓦，也是在为自己铸就最美的勋章。

（四）培养学生的社会责任感

高校教师不仅要自己服务社会，还要通过言传身教，培养学生的社会责任感。教师可以鼓励学生参与志愿活动、社会实践等，让他们在服务社会的过程中成长为有担当的人。通过这种方式，教师的社会服务精神可以得到更广泛的传播。

高校教师是社会的灯塔，用知识的光芒照亮他人。服务社会并不是额外的负担，而是教师职业责任的延伸。每一位高校教师都可以通过自己的努力，让知识走出象牙塔，走进社会，走进人心。当我们用自己的专业能力去回应社会需求时，我们不仅成就了他人，也成就了自己。

亲爱的教师朋友们，请不要小瞧了自己的力量，知识转化和社会贡献是我们实现人生价值的重要方式。让我们一起努力，用知识点亮社会的灯塔，用行动为社会种下希望的种子。

第四节　角色冲突与平衡协调

一、角色的动态转换：适应不同角色间的灵活转变

案例：疲于奔命的李教授

李教授是一位高校教师，刚刚晋升为副教授。她每天的生活像一场没有终点的马拉松。上午，她在课堂上激情洋溢地讲授现代文学，学生们的提问让她感到自己是知识的传播者，肩负着启迪心灵的责任。下午，她埋头于一篇尚未完成的学术论文，期刊社的催稿邮件让她倍感压力。晚上，她又被邀请参加一场地方文化论坛，要作为专家发言，履行社会服务的职责。3 种角色的切换让她疲惫不堪，甚至开始怀疑自己是否还能胜任这份工作。有一天，她在课堂上因为疲惫而失去了耐心，对学生的提问敷衍了事。学生们的失望写在脸上，她却无暇顾及，因为她脑海中还在想着论文的结论是否严谨。那天晚上，她在论坛上发言时，地方领导的一个问题让她措手不及，因为她根本没有时间提前准备。李教授感到深深的挫败，甚至开始怀疑自己是否适合这份职业。

高校教师的角色冲突往往源于3种身份的内在张力。作为知识的传播者，你需要用心教学，点燃学生的求知欲。作为学术研究者，你需要不断创新，推动学术前沿。作为社会服务者，你需要走出象牙塔，为社会发展贡献智慧。这3种角色看似相辅相成，但实际上却常常彼此竞争，争夺你的时间、精力和情感。

教学需要即时的投入，而研究需要深度的专注。社会服务需要外向的表达，而学术研究却常常要求内向的沉思。角色冲突的本质是有限的资源与无限的期待之间的矛盾，正如古希腊哲学家赫拉克利特所说："一个人不能两次踏入同一条河流。"你无法同时完美地扮演所有角色，因为每个角色都在不断变化，而你只有一个自己。

但冲突并非不可调和，关键在于你如何看待这些角色。与其将它们视为彼此对立的负担，不如将它们看作互为补充的机会。教学可以为研究提供灵感，研究可以为教学提供深度，而社会服务又能为教学和研究注入现实意义。角色冲突的协调不是让每个角色都完美，而是让它们在你的生命中找到和谐的节奏。

二、平衡的艺术：协调多重角色的策略与技巧

那么高校教师应该如何平衡多重身份呢？

（一）明确优先级，学会说"不"

协调角色冲突的第一步是学会区分轻重缓急。请你问问自己：什么是当下最重要的事情？如果本学期的教学任务繁重，就暂时减少参与社会服务；如果论文的截止日期迫在眉睫，就不要接手额外的教学任务。学会说"不"，不是逃避责任，而是对自己负责。

小技巧：每周列出3件最重要的事情，并确保它们得到优先处理；不要试图同时完成所有任务，因为同时追两只兔子的人，最终只会一只也抓不到。

（二）时间管理，为每个角色设定专属时间

时间管理的核心不是让你更忙，而是让你更专注。为每个角色设定固定的时间段，高校教师可以根据自己的教学任务和科研计划，制定详细的时间表，将每天的时间合理分配给教学和科研工作。例如，每周安排固定的时间用于备课、批改作业和与学生交流，确保教学工作的质量；同时也为科研工作留出足够的时间，进行文献阅读、实验研究和论文撰写。在制定时间表时，要充分考虑各种突发情况，预留一定的弹性时间，以应对临时任务的干扰。不要让一个角色侵占另一个角色的时间，否则你会感到疲惫不堪。

小技巧：尝试“番茄工作法”，每次专注 25 分钟，然后休息 5 分钟；将每个时间段明确分配给某个角色，避免角色之间的无序切换；同时学会利用碎片化时间，如在课间休息的时候思考一下科研思路、在上下班的路上构思一下社会服务的内容。请你记住，时间是公平的，关键在于你怎么使用它。

（三）科教融合，将科研融入教学

高校教师可以将自己的科研成果和研究方法融入教学中，让学生了解学科的前沿动态和研究思路，激发学生的学习兴趣和创新能力。例如，在课堂上介绍自己正在进行的科研项目，引导学生参与讨论；或者将科研中的案例作为教学素材，让学生通过分析实际问题，加深对知识的理解和应用。这样不仅可以提高教学质量，还可以促进科研工作的开展，实现教学与科研的相互促进。

（四）社服育人，将社会服务与教学相结合

高校教师可以将社会服务中的实际案例和问题引入教学中，让学生了解社会的需求和行业的发展动态，提高学生的实践能力和解决问题的能力。例如，在课堂上组织学生对社会服务中的实际案例进行分析和讨论，引导学生运用所学知识提出解决方案；或者安排学生参与社会服务项目，让学生在实践中锻炼自己的能力。这样不仅可以丰富教学内容，提高教学质量，还可以让学生更好地了解社会，为未来的职业发展做好准备。

（五）角色融合，让教学、研究和社会服务相互滋养

不要将3种角色割裂开来，而是应该寻找它们之间的交集。例如，在教学中融入自己的研究成果，让学生感受到学术的前沿魅力；在社会服务中寻找研究课题，将实践中的问题转化为学术研究的方向；在研究中关注教学的需求，让学术成果更贴近学生的实际需求。

后来，案例中的李教授在课堂上分享了她的研究心得，学生们不仅对教学内容更感兴趣，还为她的论文提供了许多有趣的视角。她还将地方文化论坛中的问题作为研究课题，既解决了实际问题，又发表了高质量的论文。

（六）目标凝聚，目标汇聚与合力达成

把教学、科研、社会服务的目标整合在一起，找到它们的共同点。这种整合不是简单的叠加，而是寻找三者的内在关联。例如，你的教学目标是让学生掌握专业知识，科研目标是解决学术难题，社会服务目标是为社会提供帮助。那么你可以把它们整合成一个大目标，即用专业知识解决实际问题，同时培养学生的实践能力和创新思维。这样，你在做每一件事情的时候都能朝着同一个方向努力，而不是互相冲突。请你记住，目标是方向，只有方向一致，才能走得更远。

高校教师的角色冲突就像一场三重奏演出，每个角色都是一段旋律，单独听起来或许有些刺耳，但当你找到正确的节奏时，它们就会共同奏响一曲和谐的乐章。

剧场：让我们从一个清晨的咖啡香说起

郭老师盯着办公桌上堆成小山的备课资料，陶瓷杯里的美式咖啡早已凉透。3个月前他还在导师的工作室悠闲地改着毕业论文，如今却要在一周内完成新课程设计、两篇C刊论文修改，外加带领学生参加创新创业大赛。微信群里系主任刚刚发布了通知：“本周五前提交年度教学创新案例，计入年终考核。”“当初选择留校，不就是想做个点燃学生思想火花的人生导师吗?”他一边苦笑一边自言自语道。郭老师随手翻开去年毕业时写的教师宣言笔记本，烫金封面上还印着“以学术为灯，照见人间”的豪言壮语。此刻，走廊里传来老教授们谈笑风生的声音，他们总能从容地在课间剥着橘子讨论国家社科基金申报，而自己连 PPT 的配色都要反复修改好几遍。

转折发生在一个暴雨夜。当他第十次重制课件时，教务系统突然崩溃，3 个月积累的素材瞬间清零。瘫坐在黑暗中的郭老师突然听见敲门声，原来是隔壁办公室的张教授。之后，张教授端着保温杯，与郭老师促膝长谈。“我年轻时也把每堂课当成 TED 演讲设计，后来发现真正的教育发生在课间那袋学生塞给我的热包子上。”张教授指着窗外路灯下湿漉漉的木樨花说道：“你看，再精致的教案也美不过真实生长的姿态。”

这场深夜对话让郭老师顿悟，他一直在扮演想象中的完美教师，却忘了教育本就是带着缺憾的前行。第二天，他带着学生把课堂搬进了学校咖啡馆，用抖音直播解构麦克卢汉的“媒介即讯息”。当看到弹幕里跳出“原来理论可以这么有趣”时，他忽然明白了，原来避免角色冲突就是找到教育理想与现实土壤的共生点。

亲爱的教师朋友们，教学是你的根，科研是你的枝，社会服务是你的叶，只有根深、枝繁、叶茂，你才能成为一棵参天大树。

第五节 职业伦理与责任担当

一、职业伦理准则：坚守教育的道德底线

案例：迷失的边界

张教授是某高校的知名学者，学术成果丰硕，深受学生喜爱。然而，

他却因与一名女学生的不正当关系被举报，最终被学校解聘，学术声誉毁于一旦。事情的起因是张教授在指导研究生期间，对一名女学生表现出过度的关心，从学术讨论逐渐演变为私人约会，甚至在微信中发送暧昧信息。女学生起初碍于导师身份，不敢拒绝，但最终还是选择举报。张教授的辩解是“我只是关心她的学业和生活”，但事实证明，这种“关心”早已越过了师生关系的边界。

师生关系是一种特殊的职业关系，既有学术上的指导，也有人格上的影响。教师是学生的榜样，是知识的传递者，更是价值观的塑造者。然而，一旦这种关系被掺杂了个人情感，甚至是权力的不当使用，便会变质，甚至走向不可挽回的深渊。

哲学家伊曼努尔·康德曾说：“人是目的，而非手段。”学生是独立的个体，而非教师满足私欲的工具。任何形式的猥亵、性骚扰等行为，都是对学生人格的践踏，也是对教师职业操守的背叛。教师的权威来自学生的信任，而非权力的滥用。而这种信任一旦被滥用，便会失去一切。

案例：内心的挣扎

有一位年轻的女教师，她发现班上有一个男生总是用一种异样的眼光看她。起初，她以为这只是学生对老师的崇拜，但后来她发现，这个男生的行为越来越过分，甚至在课堂上也会有一些小动作。她内心很矛盾，一方面她不想伤害学生的自尊心，另一方面她又不想让这种行为继续下去。最终，她鼓起勇气，在一次课后与男生进行了坦诚的交流，明确地表明了自己的态度，也告诉男生要尊重他人。男生意识到了自己的错误，从此再也没有做过出格的行为。

案例：礼物背后的陷阱

小李是一名年轻的高校教师，某天，他收到了一位学生送来的贵重礼物，学生说是为了感谢他在学业上的帮助。小李一开始有些犹豫，但最终还是收下了。从那以后，小李发现其他学生也开始给他送礼物，而他内心却越来越不安。有一次，他拒绝了一位学生提出的不合理要求，没想到对方立刻变了脸色，指责他收了礼物却不帮忙办事。小李这才意识到，自己已经陷入了一个尴尬的境地。

廉洁是师德的基石。亲爱的教师朋友们，廉洁从教是我们必须坚守的底线。收受学生的礼物，哪怕是一点点小恩小惠，都可能在无形中改变师生关系的本质。它会让学生觉得，学习和成长可以通过物质来交换，这是多么可怕的观念！我们不能让自己的行为成为这种观念的温床。请你记住，教育不是交易，而是对灵魂的唤醒。当我们拒绝那些不该收的礼物时，我们守护的不仅是自己的清白，更是教育的纯粹。就像孔子说的，"君子喻于义，小人喻于利"。我们选择教师这份职业，就应该以义为先，而不是被利益蒙蔽双眼。

那么高校教师应该如何应对诱惑呢？

最重要的是明确拒绝。你可以微笑着对学生说："我很感谢你的心意，但老师不能收礼物，这是我的原则。"如果学生很坚持，你可以建议他们用其他方式表达感谢，比如写一封感谢信，或者在课堂上更积极地参与讨论。这样既保护了学生的自尊心，又坚守了自己的底线。如果遇到学生家长的宴请，你可以委婉地说道："我很感激您的好意，但我更希望把精力放在教学上。如果您想帮助孩子，可以多关注他们的学习情况。"请你记住，我们的职责是教育学生，而不是接受家长的回报。只有这样，我们才能赢得真正的尊重。

案例：擅自使用校名的短视行为

某高校的一位教师，为了推广自己创办的课外辅导班，未经学校许可，擅自使用学校的校名和校徽进行宣传。他觉得学校名气大，用校名肯定能吸引更多学生。结果，他的行为被学校发现，不仅辅导班被叫停，个人声誉也受到了极大影响。

案例：假公济私的糊涂老师

李老师是某高校的一位资深教授，在学术领域颇有建树。他利用自己在学校的地位和影响力，以学校的名义对外承接了一些商业项目。在项目进行的过程中，他打着学校的旗号，吸引了众多合作方的关注和投入。但实际上，这些项目的收益大部分都进了他自己的腰包，学校从中获得的利益微乎其微。而且由于李老师将大量精力都投入了这些个人牟利的项目中，他对教学工作变得敷衍了事，课程质量大打折扣。最终事情败露，李老师不仅受到了学校的严厉处分，多年积累的声誉也毁于一旦。

案例：从错误中成长

有一位教师，在一次课后辅导中，因为情绪失控，对学生说了一些过激的话。事后他非常后悔，他意识到自己的行为不仅伤害了学生，也违背了教师的职业道德。于是，他主动向学生道歉，并且在之后的教学中时刻提醒自己要控制情绪，尊重学生。经过一段时间的努力，不仅他与学生的关系得到了改善，自己的教学水平也有了很大的提高。

反思是高校教师成长的阶梯，高校教师应该是一名反思行动者。亲爱的教师朋友们，我们都知道人无完人，犯错误是在所难免的。犯了错误并不可怕，可怕的是我们没有勇气去面对错误，没有决心去改正错误。反思是一个自我审视的过程，它让我们能够看到自己的不足，从而不断改进自己。我们要把反思当成一种习惯，每次遇到问题都要静下心来，认真思考一下自己的行为是否恰当，是否违背了师德。只有不断反思，我们才能不断成长，才能让自己变得更加优秀。

那么高校教师应该如何进行有效的反思呢？

首先，要勇于面对自己的错误。不要害怕承认自己的不足，不要试图去掩盖自己的过错。其次，要深入分析错误的原因。是自己的情绪失控，还是方法不当，还是其他原因。只有找到原因，才能对症下药。最后，要制订改进计划。根据自己的反思结果，制订一个切实可行的计划，然后付诸行动。请你记住，反思不是目的，成长才是目标。

二、责任担当：对学生、社会的使命承诺

案例：那个改变了我一生的老师

我曾经遇到过一位老师，他总是提前半小时到教室，把黑板擦得干干净净，然后微笑着迎接每一位学生。有一次，一位同学迟到了，他并没有批评，而是轻声说道："下次早点来，别错过精彩的部分。"下课后，我看到他和那位同学在角落里聊天，后来那位同学上课再也没迟到过。我问那位老师："您是怎么做到的?"他笑了笑，说道："我只是告诉他，他很重要，他的时间也很重要。"

教师的使命始于尊重。教师这个职业就像是一场漫长的旅程，而我们的使命就是用尊重去点亮每一位学生的心灵。尊重不仅仅是一种态度，更是一种力量。当我们尊重学生的时候，我们其实是在告诉他们："你很重要，你的想法很重要，你的未来很重要。"就像案例中的那位老师一样，他没有对学生进行严厉的批评，而是用尊重去引导，让学生自己意识到问题，从而自主做出改变，这种尊重就是我们践行使命的第一步。请你记住，教师的使命不是用权威去压制，而是用尊重去点燃。每一位学生都是一颗独特的星星，我们尊重他们，他们就会在自己的轨道上闪闪发光。

那么高校教师应该如何在日常教学中践行尊重呢?

（一）倾听是尊重的开始

在课堂上不要急于打断学生的发言，哪怕他们的想法有些幼稚。要认真倾听，学会用眼神和微笑去回应他们。当学生感受到被倾听的时候，他

们会更愿意表达自己，也会更尊重你。

（二）公平是尊重的基石

对待每一位学生都要公平，不要因为成绩、性格或者外貌而有所偏颇。公平不是简单地平均分配，而是根据每位学生的特点和需求，给予他们最适合的帮助。例如，对于学习困难的学生，应该多一些耐心和鼓励；对于性格内向的学生，应该多一些关注和引导。

（三）尊重差异是尊重的升华

每位学生都是独一无二的，他们有着不同的兴趣、特长和学习方式。尊重差异就是接受他们的不同，而不是试图把他们塑造成同一个样子。比如有的学生擅长绘画、有的学生擅长写作、有的学生擅长运动，而我们要做的就是发现他们的这些特长，鼓励他们发展自己的兴趣，让他们在自己的领域闪闪发光。

案例：那个让我愧疚的决定

有一次，学校组织了一个重要的创新创业比赛，我选择了一位成绩优秀的学生去参加。比赛结束后，我发现那位学生并没有发挥出最好的水平。后来我才知道，他其实对那个创新创业比赛并不感兴趣，他更喜欢计算机设计。而我只是因为成绩好就让他去参赛，并没有考虑他的感受。这件事让我很愧疚，同时也让我明白，教师的使命不仅仅是培养优秀的学生，更是要关注学生的内心。

教师的责任不仅仅是传授知识，更是引导学生找到自己的方向。我们不能只看到学生的成绩，而忽略了他们的内心。每一位学生都有自己的梦想，我们有责任去发现、去支持、去鼓励。就像案例中的那位学生一样，他的兴趣是计算机设计，而教师却让他去参加一个他并不感兴趣的创新创业比赛，这是教师的失职，也是教师没有真正践行教师使命的表现。请你记住，教师的责任不仅仅是教书，更是育人。我们要关注学生的内心，帮助他们找到自己的方向，让他们在自己的道路上走得更远。

那么高校教师应该如何在日常教学中践行责任呢？

（一）关注学生的情绪

在课堂上留意学生的情绪变化。如果他们看起来沮丧、焦虑或者不开心，就不要急于讲课，而是先和他们聊一聊，了解一下他们的想法。有时候一个简单的问候，就能让学生感受到你的关心。

（二）鼓励学生探索

不要限制学生的想象力和创造力。要鼓励他们去尝试新的事物，去探索自己感兴趣的领域。例如，组织一些课外活动，让学生有机会展示自己的特长，发现自己的兴趣。

（三）做学生的引路人

学生在成长的过程中会遇到各种各样的问题，我们要做的是成为他们的引路人，帮助他们找到解决问题的方法。例如，当学生遇到学习困难的时候，不要直接告诉他们答案，而是引导他们去思考、去寻找解决问题的办法。这样，他们不仅能学到知识，还能提升解决问题的能力。

案例：那个让我深思的对话

有一次，我问一位学生："你为什么喜欢这个老师？"他说："因为他总是相信我。"这句话让我深思了很久。教师的使命不仅仅是教书，更是要相信学生。相信他们有能力，相信他们有潜力，相信他们有未来。

当我们相信学生的时候，他们也会相信自己。相信是一种力量，它能够激发学生的潜能，让他们勇敢地去追求自己的梦想。就像案例中的那个学生一样，他喜欢那个老师，是因为那个老师相信他。这种相信，就是教师使命的体现。请你记住，教师的使命是相信的力量。每一个学生都有无限的可能，我们相信他们，他们就会创造出属于自己的奇迹。

那么高校教师应该如何在日常教学中传递相信的力量呢？

（一）用眼神传递信任

在课堂上用眼神去关注每一位学生。当他们回答问题的时候，用鼓励的眼神看着他们；当他们遇到困难的时候，用信任的眼神看着他们。眼神是一种无声的语言，它能够传递出我们对学生的信任。

（二）用行动支持学生

当学生有想法、有计划的时候，不要轻易否定，而是用行动去支持他们。例如，学生想参加一个比赛，我们就要帮助他们做好准备；学生想做一个项目，我们就要努力为他们提供资源。用行动去支持学生，让他们感受到我们的信任。

（三）用语言鼓励学生

经常用语言去鼓励学生，告诉他们“你可以做到”“你很优秀”“我相信你”，这些简单的话语能够让学生感受到我们的信任，更能激发出他们的潜能。

案例：那个让我感动的瞬间

有一次，我参加一个教师培训，培训老师分享了一个故事。他说，他曾经有一位学生，学习成绩很差，总是被同学嘲笑。有一次，他发现这位学生在课间偷偷练习书法，写得非常认真。于是他走过去对那位学生说：“你的字写得很好，很有潜力。”从那以后，那位学生开始努力学习，成绩也慢慢提高了。培训老师说：“教师的使命就是发现学生的优点，用鼓励去点燃他们的希望。”

教师这份职业就像是一盏灯，可以照亮学生前行的道路。我们的使命就是发现学生的优点，用鼓励去点燃他们的希望。每一位学生都有自己的优点，只是有时候被我们忽略了。当我们发现这些优点的时候，我们就要用鼓励去肯定他们，让他们感受到自己的价值。请你记住，教师的使命是点亮希望。每一位学生都是一颗种子，只要我们用鼓励去浇灌，他们就会开出美丽的花朵。

那么高校教师应该如何在日常教学中点亮希望呢?

（一）发现优点，及时表扬

在课堂上留意学生的优点，哪怕是一个小小的进步，也要及时表扬。例如，一位学生回答问题的声音比以前大了，或者一位学生上课时比以前认真了，这时你都要及时肯定他们。这样，学生会感受到自己的努力被认可，也会更有动力去进步。

（二）用故事激励学生

分享一些成功人士的故事，让学生感受到努力的力量。例如，讲讲宋文骢设计歼-10 战机的故事，让学生明白成功需要坚持；讲讲著名企业家创业的故事，让学生明白失败并不可怕，重要的是不放弃。通过这些故事，激励学生去追求自己的梦想。

（三）创造机会，让学生展示自己

组织一些活动，让学生有机会展示自己的特长。例如，举办一个书法比赛，让学生展示自己的书法水平；举办一个演讲比赛，让学生展示自己的口才。通过这些活动，让学生感受到自己的价值，也让他们更有信心去追求自己的梦想。

剧场：慧慧教授的教育故事

慧慧教授是一位总爱在咖啡杯上手绘笑脸符号的哲学系老师，她的课堂上总是飘散着现磨咖啡的香气，走廊里经常传来她与学生辩论时的笑声。某个深秋的午后，她遇到了抱着《理想国》蜷缩在教室角落的小薇，这个总用刘海遮住眼睛的姑娘在读书笔记上写着“理想终会被现实击碎”。对此，慧慧教授没有急于批注，而是用便笺写下“柏拉图也曾被卖作奴隶，但洞穴寓言依然照亮千年”。后来，慧慧教授开始在课前 5 分钟讲哲学家的“失败人生”，苏格拉底被毒酒赐死前仍在讨论灵魂不朽，王阳明被贬龙场却悟出心学真谛。某次课后，小薇留在空教室反复擦拭黑板上的

“光明来自黑暗深处”，慧慧教授默默递上热可可，说道：“我读书时也在笔记上写过‘存在即痛苦’，直到发现尼采是在病榻上写下的《查拉图斯特拉如是说》。”

后来，慧慧教授发现小薇总是错过食堂饭点，于是她以帮忙整理古籍为由，每周 3 次邀请她在办公室共进简餐。有一次，小薇盯着《会饮篇》突然落泪，说道：“父母觉得女生读哲学没出路。”慧慧教授打开锁着的抽屉，取出泛黄的日记本，说道：“这是我父亲当年撕碎的考研志愿书，现在他是最支持我开哲学讲座的听众。”

交期中论文时，小薇交来半本空白页，慧慧教授在末尾画了个破土的嫩芽，写道：“比起完美的论证，我更期待你未完的思考。”慧慧教授在班里推出了“思想漂流瓶计划”，让学生用匿名纸条写下困惑，并投入玻璃罐。当抽到“读书能否抵挡现实的寒风”这张纸条时，她举起自己的保温杯，说道：“看这满身划痕却依旧保温如初的水杯，就像被生活磋磨过的心灵，更需要哲学的温度。”

学期末的分享会上，小薇首次摘下厚重的眼镜，展示她为流浪猫设计的哲学小屋。她用海德格尔的诗意栖居理论改造了猫窝，以康德的星空道德律装饰喂食器。慧慧教授将咖啡杯上的笑脸剪成书签赠送给她，并说道：“当年我的导师说过，真正的哲学家不是解释黑暗，而是教人用思想的磷火照路。”

如今，那枚书签别在小薇的研究生录取通知书上，背面是她的新批注：“所谓希望，就是在认清生活真相后，仍愿做传递火种的人。”

晨光中，慧慧教授又在研磨新的咖啡豆，窗台上摆满了学生寄来的哲学器物，有用辩证法编的中国结，有刻着“认识你自己”的竹制书签。慧慧教授说教育就像手冲咖啡，重要的不是灌输多少知识，而是让每个灵魂都散发出独特的香气。

此刻的教室门外，新的“小薇们”正嗅着咖啡香驻足，她们怀揣着各自的困惑而来，终将带着思想的火种走向远方。

第二章　职业进阶：职业发展全景路线图

案例：迷途的李老师

李老师是一位刚进入高校任教的年轻教师，怀揣着对教育事业的热爱和憧憬，他踏上了这方充满希望的讲台。初入校园时，一切都显得那么新鲜和有趣，他满心欢喜地准备开启自己的教育生涯。

开学的前几周，李老师每天都忙得晕头转向。他要准备各种课程资料，应对不同性格和背景的学生，还要处理学校临时安排的各项任务。尽管疲惫，但他觉得这就是工作的常态，只要按部就班地完成任务就好。

在教学方面，李老师每天就是按照教材和教学大纲的要求，按部就班地授课。他没有去思考如何改进教学方法，从而让课堂更加生动有趣，更加吸引学生的注意力。有时候，看到学生们在课堂上昏昏欲睡，他也只是无奈地摇摇头，却没有想过要去改变这种状况。他没有为自己设定短期的教学目标，比如这个学期要提高课堂互动率，或者让学生的作业完成质量有明显提升。他觉得只要把课讲完，学生不挂科，就算完成任务了。

在科研方面，李老师更是毫无头绪。他看到身边的同事们都在积极地申报课题、发表论文，而自己却不知道从何下手。他没有制定中期的科研目标，比如在未来几年内要在哪些核心期刊上发表论文，或者主持一项有影响力的科研项目。他总是觉得科研离自己很遥远，那些高深的学术研究不是自己能驾驭的。于是，他干脆放弃了对科研的追求，每天只专注于教学工作。

在职业发展的长期规划方面，李老师同样是一片迷茫。他不知道自己未来想要成为什么样的教师，是教学名师，还是科研专家，又或者是学校的管理骨干。他没有为自己的未来设定一个明确的方向，只是随波逐流，走一步看一步。他觉得未来的事情太遥远，现在考虑这些还为时过早。

就这样，几年过去了，李老师的教学水平没有明显的提高，科研成果更是寥寥无几。他看着身边的同事们一个个都取得了不错的成绩，有的评上了中级职称，有的获得了教学成果奖，而自己却还在原地踏步。他开始感到焦虑和迷茫，不知道自己的职业发展之路该何去何从。

第一节　构建职业成长的阶梯

职业生涯路径指的是当一个人选定了职业之后，如何去规划实现自身职业目标的具体途径。在这一过程中，个人需要做出关键的决策，是朝着专业技术方向深入发展，凭借精湛的专业技能在领域内获得认可与成就；还是选择投身行政管理方向，通过组织、协调和领导工作来实现职业抱负；抑或是探索双通道发展模式，即同时兼顾技术与管理两个维度，力求在这两个方面都取得突破；又或者是朝着领导者的方向发展，立志成为一名校领导，引领学校的发展与变革。

高校教师在确定了自己的职业之后，选择一条适合自己的职业生涯发展路径，确保职业成长沿着最佳方向稳步推进，是每一位高校教师都需要认真思考和规划的关键问题。

一、高校教师职业发展单通道模型

高校教师的单通道职业发展模型通常表现为一个典型的“V”字形结构（如图 2-1 所示）。假设一位高校教师在 25 岁硕士研究生毕业后正式参加工作，那么这一年龄便是“V”字形路径的起点。从起点出发，职业发展可以沿着“V”字形的两侧路径向上延伸。左侧路径代表管理岗位的发展方向，右侧路径则代表技术岗位的深耕方向。在这一模型中，左右两条路径被划分为若干阶段，每一个阶段对应着一个年龄段，每一个年龄段内都有计划要达到的专业技术级别或管理职务等级。这些专业技术级别或管理职务等级不仅是职业发展的阶段性目标，也是高校教师在职业生涯中努力的方向。

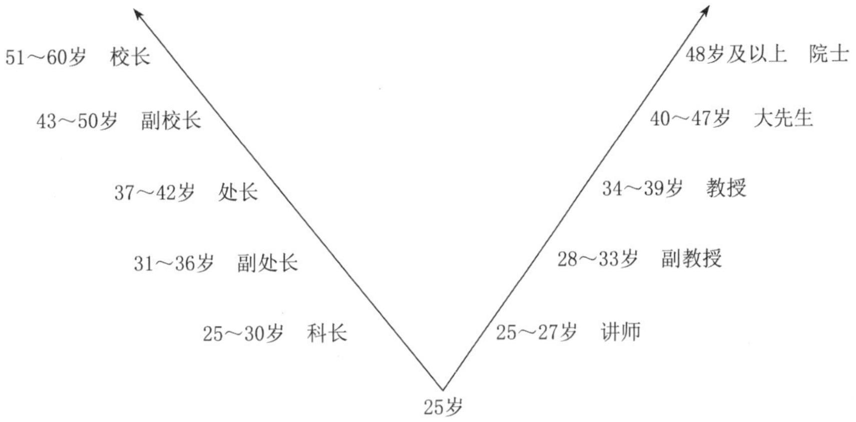

图 2-1 高校教师职业发展单通道参考模型

高校教师这一职业的显著特点之一在于其与时俱进的需求，即不断学习新知识，以适应快速变化的学术和社会环境。因此，无论选择管理岗位还是技术岗位，持续的学习和提升都贯穿于职业生涯的始终。

二、高校教师职业发展双螺旋模型

案例：新入职教师小王的困惑

小王的困惑是从一场部门会议开始的。会议上，学院院长、系主任、教研室主任轮番发言，发言中提到的“学术岗”“教学岗”“行政岗”“双肩挑”让她一头雾水。会后，她试图向同事请教，但得到的回答却是五花八门。有的同事告诉她："你是学术岗，科研是第一位的，教学只是附带任务。"有的同事却说："教学评估很重要，教学质量直接影响你的考核。"还有人提醒她："别忘了服务工作，学院的行政任务也需要你参与。"小王对此越听越糊涂。

双螺旋职业生涯模型是高校教师职业发展中的另一种典型模型。与单通道路径不同，双螺旋模型允许高校教师在管理岗位和技术职务之间兼任或互换（如图 2-2 所示）。这种模型为高校教师提供了更大的灵活性，使他们能够在不同阶段根据自身能力、兴趣和机遇调整职业发展方向。例如，一位高校教师可以在担任管理职务的同时继续从事技术领域的研究工作，或者在积累了一定的管理经验后重新回归技术岗位。双螺旋模型的优势在于它不仅拓宽了职业发展的可能性，还能够更好地兼顾个人兴趣与职业需求。

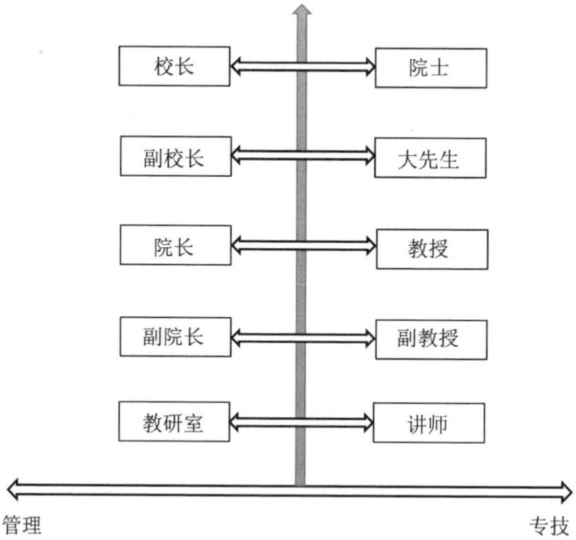

图 2-2　高校教师职业发展双螺旋模型

三、校领导路径：管理与教育融合发展

除了上述两种职业生涯发展路径外，高校教师还可以选择一条更具挑战性和影响力的职业发展道路，即成为校领导。如果自身具备出色的管理才能、创新精神，以及敢于冒险的勇气，那么这一职业生涯路径无疑是光荣且伟大的。作为校领导，不仅需要统筹全局，带领团队实现学校的整体发展目标，还需要在学术和管理之间找到平衡点，为学校的发展注入新的活力。

总之，无论选择哪种职业生涯路径，高校教师都需要结合自身的兴趣、能力和目标，在职业发展的不同阶段做出科学合理的规划。只有在明确方向的基础上沿着适合自己的路径稳步前行，才能实现职业目标，从而攀登职业生涯的巅峰。

第二节　高校教师专业技术岗位分级架构

案例：从讲师到教授的“三级跳”——李老师的成长之路

李老师是一名普通高校的青年教师，30岁出头，刚刚博士毕业的他满怀热情地走上了讲台。他的第一个职称是讲师，这在高校里是一个起点，也是一个挑战。李老师的导师曾对他说过一句话：“高校教师的成长不仅仅是教书育人，还要在专业技术岗位上找到自己的节奏，走出自己的路。”这句话像一颗种子，深深地埋在了李老师的心里。

第一阶段：讲师的扎根期。

刚开始的几年，李老师的生活可以用“忙碌”两个字来形容。他既要备课、上课，又要适应学校的科研要求，还要参与各种行政事务。讲师这个岗位虽然是高校教师的基础职称，但它并不简单。李老师发现，学校对讲师的考核标准非常明确，教学质量、科研成果、社会服务，三者缺一不可。

李老师的第一堂课是大学物理。他满怀信心地走进教室，却发现学生们的注意力并不在他身上。有的人低头玩手机，有的人交头接耳，还有的人干脆趴在桌子上睡觉。那一刻，李老师感到了前所未有的挫败。他意识到自己虽然有扎实的学术功底，但在教学方法上还很欠缺。

于是，他开始向资深教授请教，旁听他们的课程，学习他们如何调动学生的兴趣。他还报名参加了学校组织的教学技能培训班，学习如何设计教学环节、如何与学生互动。渐渐地，他的课堂变得生动起来，学生们的反馈也越来越好。3 年后，李老师获得了学校的“优秀教学奖”，这是对他努力的最好肯定。

与此同时，李老师也没有放松科研。他利用课余时间撰写论文，参加学术会议，逐渐在自己的研究领域站稳了脚跟。5 年后，他顺利通过了副教授的职称评审。

第二阶段：副教授的突破期。

成为副教授后，李老师的生活并没有轻松多少。相反，他发现副教授这个职称对教师的要求更高了。学校希望他不仅能做好教学和科研，还能在学术界有更大的影响力。

李老师开始带研究生，这是他职业生涯中的一个新挑战。他发现带研究生不仅需要学术能力，还需要管理能力和沟通能力。有一次，他的一名研究生因为实验失败而情绪低落，甚至萌生了退学的念头。李老师没有责备他，而是耐心地陪他分析问题，帮助他重新设计实验方案。最终，这名研究生顺利完成了课题，并发表了一篇高水平的论文。

在科研方面，李老师也遇到了瓶颈。他的研究领域竞争激烈，发表高水平论文变得越来越困难。为了突破困境，他决定调整研究方向，选择一个相对冷门但有潜力的领域。这个决定让他付出了巨大的努力，但同时也带来了丰厚的回报。几年后，他在这个领域取得了重要的研究成果，受到了学术界的广泛关注。

李老师的努力没有白费。他不仅获得了学校的“科研优秀奖”，还被评为“优秀研究生导师”。更重要的是，他的学术影响力得到了提升，为他晋升教授打下了坚实的基础。

第三阶段：教授的引领期。

10 年后，李老师终于成为一名教授。这是高校教师的最高职称，也是一个新的起点。李老师深知，教授不仅是一种荣誉，更是一种责任。

作为教授，李老师的角色发生了变化。他不再只是一个执行者，而是一个引领者。他开始主持国家级科研项目，带领团队攻克学术难题。他还积极参与学校的教学改革，推动课程创新，为学生提供更优质的教育资源。

李老师还发现，社会服务对教授这个岗位的要求更高了。他开始参与科普活动，向公众传播科学知识。他还担任了某学术期刊的编委，为年轻学者提供发表论文的平台。

在这个阶段，李老师的工作重心从个人成长转向了团队建设和社会贡献。他深刻体会到，高校教师的成长不仅是个人的成功，更是对社会的回馈。

案例中李老师的成长之路告诉我们，高校教师的专业技术岗位等级设置不仅是一个职称体系，更是一条成长路径。每一个岗位都有其独特的要求和挑战，也都有其独特的价值和意义。

从讲师到教授，李老师经历了 3 个阶段，即扎根期、突破期和引领期。在每一个阶段他都面临着不同的任务和目标，但有一点是始终不变的，那就是对教学、科研和社会服务的执着追求。

正如李老师所说：“高校教师的成长就像攀登一座山峰，每一个职称都是一个台阶，每一个台阶都需要付出努力。但当你站在山顶回望时，你会发现这一路的风景是如此美丽。”

一、教师系列专业技术岗位等级划分

高校教师的专业技术岗位一般分为 4 个等级，分别对应不同的职称系列（仅供参考，具体以各省人社厅备案方案为准）。

（一）正高级岗位

教授一级：学术造诣深厚，具有国际或国内顶尖影响力，通常为院士、国家级专家等。

教授二级：在学术领域有重大贡献，承担国家级重大项目或取得重要学术成果。

教授三级：学术水平较高，具有较强的学科带头能力。

教授四级：达到教授基本要求，具有较高的教学和科研能力。

（二）副高级岗位

副教授五级：在学术研究或教学方面有突出表现，承担重要科研任务。

副教授六级：教学科研能力较强，能够独立指导研究生。

副教授七级：达到副教授基本要求，教学科研能力较为扎实。

（三）中级岗位

讲师八级：教学科研能力较强，能够独立承担课程教学任务。

讲师九级：达到讲师基本要求，教学科研能力较为稳定。

讲师十级：刚刚晋升讲师，教学科研能力处于发展阶段。

（四）初级岗位

助教十一级：教学能力较强，能够协助完成教学任务。

助教十二级：达到助教基本要求，教学能力处于培养阶段。

助教十三级：刚入职的初级教师，主要从事辅助性教学工作。

二、岗位等级与职称的关系

职称评定：职称是教师专业技术水平的体现，评定标准包括教学、科研、社会服务等方面的综合能力。

岗位聘任：岗位等级虽与职称挂钩，但并非完全对应。例如，教授可以聘任正高级的四级至一级岗位，具体情况取决于学校的岗位设置和教师的实际贡献。

三、研究系列专业技术岗位等级划分

案例：张博士的“研究之路”——从迷茫到坚定的选择

张博士是一所研究型高校的青年教师，刚入职时，他对自己的未来充满了期待，但也有些迷茫。他的岗位是以研究为主岗，这意味着他的主要职责是科研，而非教学。然而，学校的职称评审体系却让他感到困惑。传统的职称评审要求教学、科研、社会服务三者兼顾，而张博士的教学任务很少，社会服务的机会也有限。他不禁问自己：“我是不是注定在职称评审中处于劣势？我的研究还能不能成为我职业发展的核心？”

初入职场：科研的孤独与坚持。

张博士的研究方向是量子材料，这个领域前沿而冷门，竞争十分激烈。他每天埋头在实验室里，调试设备、分析数据、撰写论文，日复一日，几乎没有时间参与教学活动。他偶尔会听到其他同事的议论：“张博士的课开得少，评职称的时候怕是不好过吧！”这些话让他感到压力倍增。

有一次，张博士的导师来学校开会，特意抽空来看他。导师听了他的困惑后，笑着说道：“你知道吗？研究型高校的核心竞争力就是科研。学校给你安排研究岗，就是希望你能在科研上做出成绩。不要被传统的职称评审框架束缚住了手脚。现在很多研究型高校都开设了研究系列职称评审，这是为像你这样以研究为主的教师量身定制的职业发展道路。你要做的，就是专注于研究，在你的领域做到极致。”导师的话让张博士醍醐灌顶。他意识到，自己不需要在教学和社会服务上与其他教师硬碰硬，而是可以通过研究系列职称评审，走出一条属于自己的路。

科研突破：从量变到质变。

于是，张博士决定放下心中的杂念，全力以赴地投入科研。他每天早上 7 点到实验室，晚上 10 点才离开，周末也很少休息。他的研究方向虽然冷门，但他相信，只要坚持下去，总会有突破的一天。

3 年后，张博士的努力终于得到了回报。他在国际顶级期刊上发表了

3篇论文，其中一篇被引用了上百次。他还被邀请在国际学术会议上做主题报告。这些成绩让他在学术界崭露头角，也让学校对他刮目相看。

与此同时，学校也开始推行研究系列职称评审制度。张博士了解到，这个评审体系更加注重科研成果，而对教学和社会服务的要求相对宽松。他的研究成果完全符合评审标准，这让他看到了晋升的希望。

职称评审：一场公平的较量。

张博士决定申请副研究员的职称评审。他精心准备了材料，包括论文、科研项目、学术报告等。虽然他的评审材料中教学部分的内容很少，但科研成果却非常突出。

评审会上，有人提出了质疑："张博士的教学工作量是不是太少了?"评审委员会的主席回答道："研究系列职称评审的核心是科研能力，张博士的研究成果已经证明了他的学术水平，我们不能用传统的标准来评判一个研究岗的教师。"

最终，张博士顺利通过了评审，成为一名副研究员。这不仅是对他个人努力的肯定，也是对研究系列职称评审制度的一次成功实践。

案例中张博士的经历告诉我们，在研究型高校，教师的发展道路并非千篇一律。以研究为主岗的教师，可以通过研究系列职称评审，专注于自己的学术追求，而不必被传统的评审标准所束缚。

正如案例中的张博士后来对学生们说的那样："人生的路有很多条，但你只能选择一条走到极致。研究型高校的教师，不是每个人都要成为教学明星，也不是每个人都要成为社会活动家。只要你能在科研上做出贡献，学校和社会都会看到你的价值。"

研究系列职称评审的出现，为像案例中张博士这样专注于科研的教师提供了一条公平的晋升之路。这不仅是制度的进步，更是对学术精神的尊重。正如老话所说，"术业有专攻""行行出状元"。在研究型高校，专注于研究的教师同样可以走得很远、飞得很高。

对于研究型高校而言，以研究为主岗的高校教师可以走研究系列职称评审。自然科学研究系列岗位和社会科学研究系列岗位的等级划分如表 2-1 所示（仅供参考，具体以各省人社厅备案方案为准）。

表 2-1　自然科学研究系列岗位和社会科学研究系列岗位的等级划分

高级职称	正高级	一级	研究员一级岗位
		二级	研究员二级岗位
		三级	研究员三级岗位
		四级	研究员四级岗位
	副高级	五级	副研究员一级岗位
		六级	副研究员二级岗位
		七级	副研究员三级岗位
中级职称	—	八级	助理研究员一级岗位
		九级	助理研究员二级岗位
		十级	助理研究员三级岗位
初级职称	—	十一级	研究实习员一级岗位
		十二级	研究实习员二级岗位

第三节　高校教师行政管理岗位进阶体系

案例：从教研室主任到学院副院长的进阶之路

在大学校园里，行政职务的进阶往往像一段没有明确地图的旅程。你知道终点可能是学院副院长、校长助理，甚至更高的岗位，但每一步的路径却充满了未知和挑战。下面来聊一聊我的一位同事——杨老师的故事。他从一名普通的教研室主任，逐步走上了学院副院长的岗位。这一路，他的经历不仅让我感慨，也让我重新思考了高校教师在行政管理岗位上的成长逻辑。

杨老师是个典型的学术派，他在自己的研究领域颇有建树，发表了不少高水平论文，带出了好几位优秀的研究生。可他并不是那种一心扎在实验室里的人，他对教学和管理也有着浓厚的兴趣。于是，在一次教研室主任竞聘中，他主动站了出来。有人问他："你一个搞学术的，为什么要去做行政？"他笑着说："学术是我的根，但行政是我的枝叶。树要长得高，根和枝叶缺一不可。"

第一步：教研室主任——从执行者到协调者。

杨老师担任教研室主任后，才发现这个岗位远比他想象的复杂。教研室主任看似只是一个"小官"，但却是学院教学、科研和教师之间的桥梁。杨老师的教研室有十几位老师，既有资深教授，也有刚入职的青年教师。每个人的诉求都不一样：老教授希望减少教学任务，专注科研；青年教师则希望多一些指导和资源支持。杨老师意识到，教研室主任的核心任务不是做事，而是协调人心。

他做的第一件事就是组织了一次教研室的"头脑风暴会"。会上，他没有急着提出自己的想法，而是让每位老师畅所欲言，谈谈对教研室发展的期待。通过这次会议，他发现了一个关键问题，那就是教研室的课程安排过于僵化，导致一些老师的教学负担过重，而另一些老师却相对轻松。于是，他提出了一个新的课程分配方案，既考虑到老师们的个人需求，也兼顾了学院的整体利益。

这件事让杨老师在教研室里赢得了好口碑。有人说："杨主任不是来管我们的，而是来帮我们的。"这句话让杨老师感触颇深。他明白了行政职务的核心不是权力，而是服务。你服务得越好，大家对你的支持就越多。

第二步：系主任——从协调者到规划者。

几年后，杨老师被提拔为系主任。这个岗位比教研室主任更具挑战性，因为它不仅需要协调系内的事务，还需要与学院其他系、学校其他部门打交道。杨老师发现，系主任的工作更像是规划师，需要为整个系的发展制定长远的目标。

杨老师接手的系在学院里属于中游水平，既没有特别突出的学科优势，也没有明显的短板。杨老师决定从特色化入手，打造系里的核心竞争力。他带领团队梳理了系里的科研方向，发现有几位老师在某个新兴领域已经取得了一些成果。于是，他提出了一个大胆的计划：整合资源，集中力量，申报一个省级重点实验室。

这个计划一开始并不被看好，有人质疑："我们系的实力够吗？"杨老师没有急着反驳，而是用数据和事实说话。他列出了系里过去几年的科研成果，分析了新兴领域的前景，还邀请了几位校外专家来指导。最终，这个计划得到了学院的支持。几年后，这个实验室不仅成功获批，还成为全校的标杆项目。

杨老师的成功再次证明了一个道理：行政职务不是做给上级看的，而是做给未来看的。你今天的每一个决策，都会在未来的某一天开花结果。

第三步：学院副院长——从规划者到决策者。

杨老师的努力没有白费，他被提拔为学院副院长，分管教学和科研工作，这个岗位使他可以通过更高的视角去思考整个学院的发展。他发现，副院长的工作不仅需要规划，更需要决策，而决策的难点在于你永远无法让所有人满意。

有一次，学院需要调整研究生招生指标。由于资源有限，指标的分配必然会引发争议。杨老师决定召开一次全院范围的讨论会。他没有直接宣布自己的方案，而是先听取了各系的意见。然后，他结合学院的整体发展目标，提出了一个折中的方案：优先支持重点学科，同时兼顾其他学科的基本需求。

尽管这个方案并不完美，但杨老师的透明和公正赢得了大家的尊重。一位老教授对他说："我们不怕吃亏，就怕不公平。你能站在学院的角度考虑问题，我们服气。"

案例中杨老师的故事让我们明白，高校教师的行政职务进阶不是靠争来的，而是靠做出来的。每一个岗位都有它的独特价值，而每一次进阶都需要你具备更高的格局和能力。

教研室主任教会你如何服务他人，系主任教会你如何规划未来，副院长教会你如何做出决策。而这一切的核心，归根结底是一个“人”字。你能否理解人、尊重人、团结人，这决定了你能走多远。

所以，如果你正在高校行政岗位上摸索，不妨问问自己：我今天的每一个决定是否真正为他人创造了价值？如果答案是肯定的，那么无论你身处哪个岗位，你都已经在进阶的路上了。

高校教师的行政管理岗位等级设置是高校管理体系的重要组成部分，旨在规范教师兼任行政职务的管理，明确岗位职责和晋升路径，促进高校行政管理工作的高效运行。以下是高校教师行政管理岗位等级设置的主要内容。

一、行政管理岗位的分类

高校教师的行政管理岗位通常分为以下几类，根据岗位职责和管理范围划分等级。

（一）校级领导岗位

岗位设置：校长、党委书记、副校长、党委副书记、校长助理。

职责范围：负责学校整体发展战略、重大决策、资源配置、学术发展规划等。

晋升路径：通常从具有丰富管理经验的中层干部或学术带头人中选拔担任，需具备较高的政治素养和管理能力。

（二）中层领导岗位

岗位设置：学院院长、党总支书记、实验室主任、学院副院长、党总支副书记、系主任等。

职责范围：负责学院或部门的教学、科研、行政管理、学生工作、实验室管理等具体事务。

晋升路径：从基层管理岗位或学术骨干中选拔担任，需具备一定的管理经验和学术影响力。

（三）基层管理岗位

岗位设置：教研室主任、辅导员、行政秘书等。

职责范围：负责具体的教学组织、学生事务等日常工作。

晋升路径：通常从普通教师或行政人员中选拔担任，作为行政管理的基础岗位。

二、行政管理岗位等级划分

高校教师行政管理岗位等级通常按照国家事业单位管理岗位等级设置，以省属高校为例，一般分为以下 8 个等级（仅供参考，具体以各省人社厅备案方案为准）。

管理岗位三级：对应正校级，主要职责通常是主持学校党委或行政的全面工作，全面贯彻党的教育方针，坚持社会主义办学方向等，如学校的党委书记、校长等。

管理岗位四级：对应副校级，与学校领导班子共同带领全校师生员工实现学校办学目标和总体规划，协助党政主要领导具体领导分管部门和院（系、部）开展工作等，如学校的党委副书记、副校长等。

管理岗位五级：对应正处级，全面主持或协助所在单位的党务或行政工作，认真贯彻落实学校党委和行政的各项决定等，如学院的院长、党委书记，学校职能部门的处长等。

管理岗位六级：对应副处级，协助本单位党政主要领导完成年度工作计划和任期目标，认真做好分管或具体工作等，如学院的副院长、党委副书记，职能部门的副处长等。

管理岗位七级：对应正科级，主持科（室）的全面工作或在上级负责人的领导下完成某方面的具体工作，如学院办公室主任、职能部门的科长等。

管理岗位八级：对应副科级，协助科（室）负责人完成有关工作，独立承担某方面的管理工作，如学院办公室副主任、职能部门的副科长等。

管理岗位九级：对应科员，在科（室）负责人的领导下，完成具体工作。

管理岗位十级：对应办事员，在科（室）负责人的领导下，参与完成具体工作。

对于部属院校，正校级管理岗位从二级（部级副职）起设，表2-2是各类型高校管理岗位行政级别一览表。

表2-2 各类型高校管理岗位行政级别一览表

职务	部属高校	省属高校	高职高专
校长/党委书记	副部长级	正厅局级	副厅局级
常务副校长/常务党委副书记	正厅局级	—	—
副校长/党委副书记/党委常委	副厅局级	副厅局级	正处级
二级学院院长/党委书记/机关处室正职	正处级	正处级	副处级（内部认定为正处，实际履行正处职责）
国家重点实验室主任	正处级	正处级	—
二级学院副院长/党委副书记/机关处室副职	副处级	副处级	正科级（内部认定为正科，实际履行正科职责）
二级学院/机关处室内部科室正职	正科级	正科级	副科级
二级学院/机关处室内部科室副职	副科级	副科级	科员级
二级学院/机关处室内部科室职员	科员级	科员级	科员级

第四节　专业发展路径的探索与未来教师的超越

一、高校教师专业发展路径

（一）教学维度

1. 助教：夯实教学基本功，讲好每一堂课

助教的核心工作在于依据教学大纲、人才培养方案，以及课程教学计划的要求讲好每一堂课。这是年轻教师在职业生涯中需要攻克的首个难关，同时也是树立职业自信的关键所在。只有讲好每一堂课，才能在教学领域站稳脚跟，才能开启专业成长的道路。

2. 讲师：提升课程建设与开发能力，建设一门优质课程

讲师需要根据时代的发展变化，以及教学对象岗位需求的变动，及时开展课程教学改革。这包括对教学目标、内容和模式进行优化与调整，紧密结合教学对象的岗位实际情况，融合科研成果，重新开发设计新的课程。同时，要将先进的教学理念切实落实到教学组织实施、教材修编，以及教学实验室的开发建设等各项工作之中。

3. 副教授：引领专业建设与发展，负责一个专业

副教授需要准确把握专业技术领域和教育领域的前沿动态与发展趋势，深入理解专业教学质量标准，充分了解培养对象未来的岗位需求。在此基础上，综合考量教学管理等各方面的要求，开展前瞻性的专业建设工作，以保持专业建设的领先水平。副教授应当以带头人的身份负责专业建设与发展，或者以骨干的姿态发挥指导作用，实现从“匠”到“师”的转变。

4. 教授：实现教师即课程的转变，完成从教书到教育的升华

加拿大教育学家马克斯·范梅南提出：教师就是他所教授的知识，一个数学老师不仅仅是碰巧教授数学的某个人，一个真正的数学老师是一位

体现了数学、生活在数学中的教师，从一个很强意义上说他就是数学的某个人。这体现了一种全新的课程观——教师即课程。教授要实现从照本宣科地讲解课程基本文件，向课程研究、创造和重构者的角色转变，真正从一名教书匠成长为有思想的教育大师。

（二）科研维度

1. 讲师：撰写学术论文，夯实思维与表达能力基础

高校教师撰写论文具有重要意义。首先，思维和表达能力是教师作为教育者必备的基本能力，两者的均衡发展更是优秀教师的必备素质，而撰写学术论文是训练这两种能力的基本途径。其次，教师的专业发展是在实践、反思、学习、再实践的循环过程中实现的，论文撰写能够将实践能力通过反思转化为理论水平，将经验升华为智慧，形成学术观点和思想，是教师专业发展不可或缺的环节。因此，讲师要养成问题意识，通过多思考、多写作来夯实思维和表达能力，养成研究实际问题并及时通过撰写论文形成观点和思想的习惯，为后续的专业发展奠定坚实的基础。

2. 副教授：主持课题研究，提升学术研究能力

高校不仅是传授知识的场所，也是创造知识的地方，因此教师必须具备研究意识，成为一名研究者。美国教育家欧内斯特·博耶提出：大学教师的学术研究涵盖发现的学术、整合的学术、应用的学术和教学的学术，前三者可归为学科的学术，无论是学科的学术还是教学的学术，都属于学术研究的范畴，是高校教师的本职工作之一。加强学术研究是提升自身学术水平、实现专业发展的必由之路。首先，教师要有自主育己的意识，正确认识学术研究工作的重要性，坚持学习，养成凡事探究根源、凡行动必研究的习惯，时刻关注学科专业和教育教学的前沿动态。其次，教师要掌握学术研究的科学方法，以教学学术为例，要遵循从问题中来到问题中去、从实践中来到实践中去的基本原则，从培养对象出现的问题入手，倒查教学基本要素的合理性，从导向要求和现实差距中发现问题，依据教与学的原理探寻问题根源，基于现实情况研究解决问题的具体方案，并对实

施结果进行评估。最后，教师要有明确的科研方向意识，结合本职工作和实际能力水平确定研究方向，克服急躁、浮躁和急功近利的思想，持之以恒地围绕稳定的方向开展多角度、多方面的深入研究。

3. 教授：负责培育成果，聚焦实际问题的解决

研究显示，46 至 55 岁阶段的教师科研能力最强，获得的奖励也最多，这表明此阶段的教师大多进入了专业发展的成熟期和成果丰硕期。在这一阶段，教师的专业发展应在前期围绕稳定方向开展课题研究的基础上，重点关注解决现实中具有重大意义的实际问题。教师需要积极思考在新形势下所面临的新问题，以及这些问题的现实意义、蕴含的科学问题，如何创新性地解决这些问题，如何取得可持续的实质性效果，解决问题的方法能否被借鉴推广等一系列问题。在发现问题、理论研究、方案论证、组织实施、推广应用的全过程中，统筹规划成果的立项培育、实践验证和总结推广，在人才培养、科学研究和服务社会的融合中，形成自身专业发展的标志性成果。

（三）教学与科研协同发展

从内在逻辑来看，教学与科研是相互促进的良性关系。从教学学术的角度而言，20 世纪 60 年代英国课程专家斯腾豪斯提出了“教师即研究者”的概念，即教师应以教育教学实践中的实际问题为研究对象，对教育教学实践进行反思、研究和改进，以提升实践效果。此后，“教师即研究者”逐渐成为教育界普遍认可的理念和追求的目标。在现实中，随着教师专业发展的不断成熟，会越发认识到没有研究支撑的教学就如同课本知识的搬运工，简单而机械。只有当教学与研究相互融合，将科研成果转化为教学中的真实内容、方法和手段时，教学实践才会具有更科学、更理性的内涵。从学科学术的角度来看，科研经历能够拓宽教师的视野，培养严谨的思维方式，加深对学科专业基本理论的理解和把握，而深入的学科专业教学也能为教师提供更多的科研灵感。然而，教师必须明确，若教学与科研的相关度不高，这种相辅相成的融洽关系就难以维持。部分教师在科研选

题时忽视与本职教学工作的相关性，仅以省力、易出成果为标准，往往导致教学与科研之间的矛盾日益突出。因此，教师在专业发展过程中应秉持“教师即研究者”的理念，注重正确选择科研方向，积极构建科研与教学的互促关系，在两者的交融互促中实现专业发展。

在高校中，教授充当着领导者的角色，肩负着引领团队、管理专业、培育成果、传承文化的使命。

教授不应仅仅是教学科研的参与者和追随者，而应成为真正的引领者、行动者和领导者。教授只有明确了自身的角色定位，通过思想信念、知识、能力、情感等要素的相互作用，管理自我，影响他人，为实现教育教学目标，切实发挥对自己、学生、课程、专业、团队乃至学校的领导作用，才能真正促进师生共同成长，实现自我专业发展和协助同伴发展。教授应发挥指导帮带他人的作用，以课程或专业建设、科研课题或成果培育等任务为导向，外在构建具有共同目标、良好合作精神和明确责任分工的团队，内在打造自然合作文化中的学习共同体，促进教师之间的对话交流，使教师因任务而合作、学习分享、取长补短、共同进步，增强归属感和安全感，避免职业倦怠，助力教师在同伴支持和资深教师的传帮带中实现专业发展。作为团队带头人，教授应将提升团队领导力作为专业发展的重点。一是要把握前沿发展趋势、教学科研的基本规律，以及团队成员的能力优势，引领创新，把握方向，前瞻性地确定发展目标和策略，通过“做正确的事”提升自身在团队中的影响力。二是要在建设任务目标的指引下，做出正确果断的决策，脚踏实地，稳步推进工作，制定规划，分解任务，控制执行，通过“正确地做事”提升自身的团队管理能力。三是要体察团队成员的需求和动机，平衡利益关系，进行有效沟通，通过描绘远景，吸引、影响不同性格、能力和诉求的团队成员，从而提升团队的凝聚力。

综上所述，教师的专业发展是有迹可循的，在各个阶段都需要扎实做好相应的工作，夯实基础，为迎接下一个阶段的到来做好充分准备。

二、如何成为一名未来教师

第46届达沃斯世界经济论坛年度报告《工作的未来》中提到，未来有65%的小学生将从事目前尚未存在的新职业。在以人工智能为核心的知识经济时代，预计70%至80%的程序化劳动将被机器人取代。从教育角度来看，未来社会对教育提出了新的要求，即人工智能时代对劳动者能力的全新期待，这无疑促使教育更加注重培养学生适应未来社会的核心素养和关键能力。在此背景下，未来教师的角色逐渐成为教育发展的重要议题。

（一）未来教师的身份角色

1. 好教育的专业推介者

教师在追求成为教育家的过程中，需要展现专业素养，引导家长摒弃早学、多学、反复学的偏颇观念，帮助孩子释放天性，让教育回归健康生态。只有通过这一过程，教育才能真正促进学生从自然生长到自主发展，最终实现自觉成长。

2. 公众情绪的管理者

随着社会改革进入深水区，教育的课程、教学和评价改革成为焦点，家长对学校教育的诉求多样化，甚至将社会利益诉求转嫁到教育领域。教师需要在繁忙的工作中调节自身情绪，并善于引导家长，以发展的眼光为教育创造空间，用宽容的态度为社会提供缓冲。

3. 学生自主发展的推进者

学生天生具有探索未知的兴趣，优秀的教师应帮助学生从“学好”转变为“好学”，激发其终身学习的内在动力，使学习成为贯穿一生的追求。

4. 课堂有效学习的发动者

有效学习要求教师关注并促进学生的学习意识和能力，通过体验式、合作式、探究式或建构式的学习方法，帮助学生在课堂中构建知识、形成能力，提升学科核心素养。教师需设计真实的学习情境和结构化任务，帮助学生掌握解决问题的路径和方法。

5. 新教育形态的创生者

当前基础教育的学习任务和升学压力已大幅增加，社会呼唤一种基于大学课堂本质属性变革的新教育形态，而非仅仅是翻转课堂、线上线下混合学习等表面形式的改变。

6. 精准教学与个性化教学的实践者

精准教学和个性化教学并非新概念，因材施教早已是中国教育的经典理念。新一代教师需要继承老一辈教师的优良传统，同时利用大数据等技术手段提高课堂效率，科学设计学习任务，结合评价改革，推动学生的精准学习。教师还需关注学生的个性化需求，制定学习方案，提升学生的沉浸感、愉悦感和自我实现感，使个性化学习更加科学化与人性化。

（二）未来教师的专业能力

1. 读懂学生

未来教师不仅需要具备教学能力，还需要成为学生的分析师。通过大数据等技术手段，教师应深入了解学生的认知状态、学习特征、优势潜能及最佳学习方式，设计个性化学习方案。同时，教师还需关注学生的非认知状态，如动机、情绪、品质及价值观，从学生的视角思考问题，通过身教和垂范影响学生成长。

2. 重组课程

优秀教师往往是出色的课程设计师，重组课程的能力将成为未来教师的核心素养之一。具体而言，教师需将现实生活引入课程，使书本知识在真实情境中产生意义；通过跨学科、跨领域的方式，构建以主题呈现的课程体系；灵活调整课时安排，使学生在对话和互动中深化知识理解，实现知识迁移。

3. 联结世界

教师需将视野从课堂拓展至广阔的社会，挖掘外部教育资源，将最优质的资源引入课堂。当学生的学习水平超越教师的专业领域时，教师应善于借助社会资源和技术力量，拓展教学深度。同时，教师需为学生创造走进社会的机会，使社会成为课堂，在社会互动中实现深度学习，建立知识与现实的实质性联系。

（三）未来教师的发展路径

1. 构建跨专业的学习共同体

未来教育需要教师跳出单一学科的局限，注重跨界整合与创新。教师应在教研活动中多学科交叉听课，拓宽教学思路，提升知识整合能力，为学生提供更加全面的教育。

2. 构建跨年龄的学习共同体

优秀教师需要对新知识、新技术和新理念保持持久的好奇心，对教育事业充满热情。针对中老年教师的职业倦怠和青年教师的成长瓶颈，学校可通过情感激励和名师引领，帮助教师实现二次专业成长，激发职业热情。

3. 构建跨地域的学习共同体

教师需通过跨地域的联盟交流，借鉴他人经验，逐步形成自身的教育特色。多元化的交流互动有助于教师突破互联网、大数据和人工智能带来的挑战，发展独特的教学风格。

未来教育将以变化为常态，教师需顺应时代潮流，主动提升自我，适应时代需求。通过不断变革与创新，教师不仅能把握教育发展的脉搏，还能成为引领学生走向未来的重要力量。

剧场：本章开篇案例中李老师的拨云见日

有一天，李老师在校园里遇到了退休的资深教授胡教授。胡教授看到李老师满脸愁容，便主动和他聊了起来。李老师把自己的困惑和烦恼一股脑地告诉了胡教授，胡教授听后，语重心长地对他说："年轻人，没有目标的人生就像一艘没有舵的船，在茫茫大海中随波逐流，永远也到不了彼岸。你要想在高校教师这份职业上有所发展，就必须为自己设定明确的目标，短期、中期和长期的目标都要有。只有这样，你才能有前进的方向和动力。”

胡教授的话如同一盏明灯，照亮了李老师前行的道路。他开始反思自己的过去，意识到自己这些年之所以一事无成，就是因为没有目标。从那以后，李老师下定决心，要为自己的职业发展制定一个详细的规划。他设定了短期的教学目标，努力改进教学方法，提高课堂质量；制定了中期的科研目标，积极参与科研项目，发表学术论文；还规划了长期的职业发展方向，立志成为一名在教学和科研方面都有卓越成就的高校教师。

随着目标的明确，李老师的工作变得越来越有动力。他不再像以前那样迷茫和焦虑，而是充满了干劲和热情。在明确目标的指引下，李老师一步一个脚印地朝着自己的梦想稳步前进。

第三章　短期成长：夯实教学与科研基础

初入高校教师队伍的青年教师就像站在新征程起点的行者，他们怀揣着对教育事业的热忱，却也可能在前行的道路上感到迷茫。那么，青年教师如何在短期内提升教学能力和科研能力呢？本章的内容或许可以提供答案。

第一节　站稳讲台：第一课堂教学与第二课堂指导

案例：林老师的第一堂课

林老师是某高校的一名新入职青年教师，刚刚结束博士生涯的他，带着满腔热情走上了讲台。第一堂课，他精心准备了满满 3 页的教学计划，写了长达 10 页的教案，PPT 也做得精彩纷呈。可是真正站在讲台上时，他发现学生们的注意力似乎并不在他身上，有的低头玩手机，有的神游天外。课后，林老师收到的学生反馈也让他有些失落："内容太难了，听不懂。""讲得太快，没记住什么。"林老师感到困惑：明明自己专业知识扎实，讲课也用了心，为什么课堂效果却不尽如人意？

一、第一课堂：教育教学的核心主阵地

第一课堂是知识传授的主阵地。第一课堂通常指的是在学校教学计划

和课程表安排下，在固定的教室等教学场所，由专业教师按照既定的教学大纲和教材，系统地向学生传授专业知识和技能的正式课堂教学活动。它是高校教育教学的核心和基础，是学生获取专业知识的主要途径。第一课堂的特点包括以下几个方面。

第一，系统性。教学内容是按照学科知识体系和专业培养目标，进行系统、全面的编排，从基础理论到专业知识，逐步深入，让学生能够建立起完整的知识框架。

第二，规范性。有严格的教学计划、教学大纲、课程标准和考核方式，教师需要按照这些规范进行教学，学生也需要按照要求完成学习任务，以确保教学质量和人才培养的规格。

第三，主导性。在第一课堂中，教师处于主导地位，他们通过讲授、演示、提问等方式引导学生学习，学生主要是在教师的指导下进行系统学习。

像理工科专业的高等数学、大学物理课程，文科专业的现代汉语、中国古代文学课程，以及各类专业的专业核心课程等，都属于第一课堂的范畴。教师在教室里通过板书、PPT 讲解、课堂讨论等形式，向学生传授这些课程的知识和理论，帮助学生掌握专业基础和专业技能。

案例中林老师的遭遇其实是很多刚入职青年教师的缩影。教学技能是教师的基本功，直接影响着教学效果。一位优秀的教师不仅要有扎实的专业知识，还要具备良好的教学技能。于是，林老师多次登门虚心求教教学名师陈教授，陈教授也为林老师制订了一个三年教学能力提升计划，这个计划目标明确、分步推进。

第一阶段：第一年——站稳讲台，打好基础。

教学是一门艺术，但这门艺术的背后是扎实的技艺。刚入职的教师，最重要的任务不是追求课堂的高大上，而是先学会站稳讲台。教学不是炫技，而是沟通；不是表演，而是启发。请你记住，学生需要的是清晰的知识传递，而不是复杂的理论堆砌。

在备课方面，要做到从以内容为中心到以学生为中心。林老师虽然每天都要花5个小时备课，但备课的重点却总是放在内容上。他总想着多讲些前沿知识，这样显得自己很厉害。陈教授提醒他："学生不是来听你炫耀的，他们需要的是清晰、系统的知识框架。"陈教授建议他："每次备课时先问自己3个问题，学生最需要学会什么？他们可能会在哪些地方卡住？我怎么用最简单的方式让他们理解专业知识？"于是，林老师开始尝试把复杂的理论通过案例和比喻来进行讲解，比如讲符号学时，他用流行语的传播来解释符号的意义建构，课堂效果立竿见影。

在课堂方面，要做到从满堂灌到互动式教学。陈教授告诉林老师："课堂不是你的独角戏，而是一场对话。你讲得再好，学生不参与也没用。"于是，林老师开始尝试在课堂中设计一些提问环节，比如讲到某个关键概念时，他会停下来问学生："你们能举个例子吗？"或者让学生分组讨论某个问题，最后选代表发言。他发现，一旦学生参与到教学过程中来，课堂气氛就活跃了，自己也不再觉得孤单。

在教学反思方面，要在每堂课后写教学日志。陈教授言辞恳切地对林老师说："教师应该是一个反思行动者，我建议你每堂课后花15分钟写一篇教学日志，记录课堂的亮点和不足。"后来有一次林老师发现学生对某个知识点的反应很冷淡，在结合教学日志进行反思后，他发现是因为自己讲解得太抽象了。于是他在下一次的课堂上调整了讲解的方法，效果十分显著。

在进修方面，要积极参加教学培训和研讨会。教学培训和研讨会犹如一扇通往教育创新世界的大门，为教师们提供了丰富的学习资源和交流平台。在教学培训中，教师们能够系统地学习最新的教学理念、方法和技术。研讨会则为教师们提供了一个思想碰撞、交流合作的舞台。

第二阶段：第二年——精进技艺，形成风格。

教学基础打好后，接下来就要追求精进。这时的教学不再只是教会学生，而是要开始吸引学生。一堂好课，不仅要有内容，还要有节奏、有趣味、有感染力。请你记住，好的教学是内容与形式的完美结合。

在学习方面，要向优秀的老师诚心请教。陈教授建议林老师多去听听其他老师的课，尤其是那些学生评价很高的老师。于是，林老师开始旁听学院里几位教学名师的课。他发现，这些教师虽然风格各异，但都有一个共同点，那就是他们的课堂节奏感很强，既不会让学生觉得太难跟上，也不会觉得太无聊。林老师学到了很多教学技巧，比如用幽默的开场白吸引学生的注意力、用小故事串联知识点、用问题引导学生思考。

在表达方面，练习语言和肢体表达。陈教授告诉林老师："教学不仅是内容的传递，也是情感的传递，你的语言和肢体表达决定了学生能不能感受到你的热情。"于是，林老师开始在镜子前练习讲课，不断调整着自己的语速、语调和手势。他还给自己的课程录了像，通过观看回放发现问题。渐渐地，他的课堂语言变得更加生动，肢体动作也不再僵硬，学生的注意力明显提高。

在设计方面，要打造高光时刻。陈教授对他说："整堂课要有一个让学生眼前一亮的高光时刻，让他们记住这节课的核心内容。"于是，林老师开始在每节课中设计一个特别的环节，比如用一个有趣的视频引入话题，或者在黑板上画一幅简单的图示来解释复杂概念。这些高光时刻让他的课变得更有吸引力，学生们开始主动在课后和他讨论问题。

第三阶段：第三年——教学创新，影响学生。

教学的终极目标不是让学生记住你教的内容，而是让他们学会思考、学会学习。一位优秀的教师不仅是知识的传播者，更是思维的启发者。在第三阶段，林老师的目标是从优秀迈向卓越。

在创新方面，要尝试新的教学方法。陈教授鼓励林老师尝试翻转课堂，于是林老师开始在课前给学生布置阅读任务，课堂上则以讨论和案例分析为主。他还尝试使用数字化工具，比如在线投票、实时问答，让学生在课堂上更有参与感。

在反馈方面，要建立与学生的良性互动。林老师开始在期中时做课堂反馈调查，请学生匿名评价他的教学。他发现，学生最喜欢的是他的互动环节，但也希望他能在讲课时多给出一些实际应用的案例。根据学生的反馈，林老师调整了教学内容，学生的课堂满意度进一步提升。

在影响方面，要成为学生的引路人。陈教授告诉他："教学不仅是课堂上的事，更是课堂之外的事，学生会记住那些真正关心他们的老师。"于是林老师开始主动与学生进行交流，了解他们的兴趣和困惑。他发现，有些学生对学术研究很感兴趣，于是就鼓励他们参与自己的科研项目。渐渐地，林老师成了学生们心中的良师益友，他们不仅喜欢他的课，还愿意向他请教人生和职业规划的相关问题。

3 年后，林老师已经从一个青涩的教学新人成长为学院里备受欢迎的青年教师。他的课堂总是座无虚席，学生们评价他时说："林老师的课不仅让我学到了知识，还让我爱上了学习。"陈教授看着成长起来的林老师，欣慰地说："教学其实是一场修行，你教学生的同时也是在成就更好的自己。"

二、第二课堂：课余时间的学习拓展与实践

案例：李老师的第二课堂之旅

李老师是大学里一名主讲管理学课程的青年教师，她的课堂总是充满活力，学生们喜欢她的原因不仅是她讲课生动，更因为她总能把理论和实践结合起来，让人觉得学到的东西随时可以用到生活中。她常说："知识如果不能落地，那就只是空中楼阁。教育的意义不是让学生记住多少知识，而是让他们学会创造些什么。"

在一个阳光洒满校园的午后，李老师正坐在办公室里整理着教学资料。突然，一阵轻轻的敲门声打破了宁静。"请进！"李老师回应道。只见几位学生小心翼翼地推开门，脸上带着些许紧张与期待。走在最前面的是小明同学，他手里紧紧攥着几张纸，那是他们为第二课堂项目准备的策划书。

“老师，我们想参加这次的创新创业大赛，但是我们的项目遇到了很多问题，实在不知道该怎么办了，您能帮帮我们吗?”小明同学急切地说道。看着学生们充满渴望的眼神，李老师放下手中的工作，微笑着示意他们坐下慢慢说。

在中国高校教育体系中，第一课堂和第二课堂都是重要的教育教学形式，它们有着不同的特点和作用，共同为学生的成长和发展服务。

第二课堂是实践能力的培养场。第二课堂是指在第一课堂之外，以学生自主参与为主体，以培养学生综合素质、创新精神和实践能力为目标，通过举办各种丰富多彩的课外教育活动，比如学术讲座、学科竞赛、社团活动、社会实践、创新创业活动等，为学生提供的一个拓展知识、提升能力、锻炼自我的课外教育平台。第二课堂的特点包括以下几个方面。

第一，自主性。学生在第二课堂中具有高度的自主性，他们可以根据自己的兴趣爱好、特长和发展需求，自主选择参与的活动项目，自主安排时间和精力，在活动中自我管理、自我教育、自我提升。

第二，多样性。第二课堂的活动形式和内容丰富多样，涵盖了学术、文化、艺术、体育、社会服务等各个领域，能够满足不同学生的多样化需求，为学生提供了广阔的发展空间。

第三，实践性。第二课堂强调学生的亲身参与和实践体验，学生在实践中运用第一课堂所学的知识，将理论与实践相结合，提高解决实际问题的能力，培养创新思维和实践能力。

例如，学校组织的数学建模竞赛，学生需要运用数学知识和计算机技能，对实际问题进行建模和求解；社团组织的文化节活动，学生可以参与文艺表演、文化展览等，展示自己的才艺和文化素养；还有大学生暑期社会实践活动，学生深入社会基层，了解社会现状，开展调研、志愿服务等活动，提升自己的社会责任感和实践能力。

第二课堂的本质是点燃火焰，即激发学生的内在学习动力。第二课堂与第一课堂最大的不同在于它更注重学生的自主性和实践性。第一课堂是知识的传递，第二课堂是能力的培养；第一课堂是教师主导，第二课堂是学生主导。正如一位教育家所说："教育的本质不是灌输，而是点燃火焰。"在第二课堂中，教师的任务不是告诉学生答案，而是引导他们发现问题、分析问题、解决问题。

第二课堂的价值在于它为学生提供了一个自由探索的空间。在这里，学生可以尝试、失败、反思、再尝试，最终找到属于自己的答案。这种过程不仅能够提升学生的实践能力，还能培养他们的批判性思维、团队合作精神和创新意识。

那么高校教师应该如何才能更好地开展第二课堂呢？

（一）从兴趣出发，激发学生的主动性

教师需要充分了解学生。每个学生都有自己的兴趣爱好，他们就像花园里各种各样的花朵，有的喜欢阳光，有的喜欢阴凉，教师要做的就是找到适合他们的生长环境。在第二课堂中，教师的作用不是告诉学生该做什么，而是激发他们的兴趣，引导他们进行思考，帮助他们找到自己的方向。例如，喜欢艺术的学生，可以引导他们参加艺术社团；喜欢科技的学生，可以推荐他们参加科技竞赛；具有创新创业精神的学生，可以鼓励他们参加创新创业比赛。

（二）将第二课堂与第一课堂有机结合

第二课堂是第一课堂的补充，是连接理论与实践的桥梁。教师的作用不是告诉学生答案，而是引导他们发现问题、分析问题、解决问题。教师可以尝试将课堂上的知识融入课外活动中，比如让学生用课堂上学到的理论去分析实际问题，或者用课外活动的成果反哺课堂教学。这样不仅能增强学生的学习兴趣，还能让他们更好地理解和应用知识。

（三）搭建平台，连接资源

教师要学会整合资源。学校里有那么多的社团、实验室、图书馆，还有校外的企业、社区、文化场馆，这些都是第二课堂的宝贵资源。教师要像串珍珠一样，把它们串联起来，给学生提供更多的实践机会。例如，可以和企业合作，让学生去实习，了解行业动态；可以和社区合作，让学生去做志愿者，了解社会需求。

（四）做引路人，而不是主导者

第二课堂的核心是自主和实践。教师要做的是引导和支持，而不是主导。教师可以通过提供资源、建议和反馈，帮助学生完善他们的想法和计划。比如案例中的李老师没有直接参与学生制定的创新创业项目活动策划，而是通过提供企业资源和一起讨论问题，引导学生自主思考。

三、大学生竞赛：以赛促学的实践与成果展示

（一）学生参加竞赛的好处

第一，置换学分。根据各个学校的不同规定，在学校认可的学生竞赛目录中取得省赛以上奖项，可置换相应的创新创业学分。

第二，保研。很多学校和学院的保研条例会把学科竞赛获奖作为重要的参考。

第三，就业。在应聘工作时，竞赛成绩是非常有竞争力的个人资料。

第四，奖学金。竞赛成绩对综测加分、评奖评优评先也是一个重要参考。

（二）教育部认可的高含金量大学生竞赛

特别需要注意的是，目前市场上充斥着以低门槛、高获奖率为噱头的一批含金量低、组织松散的高校学生“水赛”。“水赛”已经衍生出“竞赛生意”，相关机构通过收取报名费、证书费、冠名费等，获取不菲利益，也助长了学生参与学科竞赛的功利心。这类明显异化的“水赛”不仅无法发挥学科竞赛应有的教育功能，学生也没有完整、投入地体验竞赛的过程，对于知识和能力的增进毫无助益，并且会增加经济负担，同时还会无形中强化一种走捷径，甚至弄虚作假的思维习惯。所以作为高校教师，要积极引导学生参加教育部认可的高含金量大学生竞赛，坚决抵制“水赛”，

真正实现以赛促学、以赛促教、以赛促创的目标。

那么都有哪些大学生竞赛值得参加呢？如何让“水赛”无所遁形呢？

可以查阅中国高等教育学会高校竞赛评估与管理体系研究工作组制定的《全国普通高校大学生竞赛分析报告》（以下简称《分析报告》），入选依据包括竞赛数据的采集、综合评价结果，以及专家委员会的投票情况。该《分析报告》旨在规范和引导学科竞赛类活动的发展，进一步发挥其在教育教学和创新人才培养中的重要作用。

《分析报告》每年都会动态更新一次，以淘汰“水赛”，保证竞赛的含金量。最新的《分析报告》是 2024 年 3 月 22 日，由中国高等教育学会高校竞赛评估与管理体系研究专家工作组发布的《2023 全国普通高校大学生竞赛分析报告》，其中包含普通本科院校大学生竞赛榜单 13 个、高职院校大学生竞赛榜单 11 个、省份大学生竞赛榜单 3 个。《分析报告》列入的竞赛清单参照 2023 年，共 84 项赛事。观察赛事参照 2023 年观察目录，共 34 项赛事。

第二节　筑牢教功：校级教学比赛与校级教研课题

在高校教师的职业发展道路上，有两块闪闪发光的“敲门砖”，它们看似普通，却蕴含着巨大的能量，能为高校教师的成长和进步提供源源不断的动力。这两块“敲门砖”一块是校级教学比赛，另一块是校级教研课题。

一、校级教学比赛：展示教学风采的重要舞台

案例：李老师的蜕变

李老师是一名高校的青年教师，初入职场时，他的课堂评价平平，学生反馈也不温不火。后来，学校组织了一场教学比赛，在院领导的鼓励下，他报名参加了比赛。为了准备比赛，李老师花费了大量的时间和精

力。他深入研究教学大纲，精心设计每一个教学环节，还不断向有经验的教师请教。在备赛过程中，他发现了自己在教学中的许多不足，包括课堂设计缺乏亮点、教学语言不够生动、教学目标与学生需求脱节等。为了解决这些问题，他开始向优秀教师学习，反复打磨教学设计，甚至录制自己的课堂视频，逐帧分析自己的表现，终于逐渐找到了自己的教学风格。比赛那天，李老师虽然还是有些紧张，但他凭借充分的准备和精彩的表现，赢得了评委和观众的一致好评，最终获得了二等奖。更重要的是，他在这个过程中变得更加自信，教学能力也得到了极大的提升。之后，李老师的课堂变得生动有趣，学生们的学习积极性大大提高。

教学比赛是教师成长的加速器。教学比赛是一面镜子，能照出我们在教学中的优点和不足。它逼着我们去钻研教学方法，去琢磨学生的需求。教学比赛不是一场单纯的竞技，而是一场教学理念与实践的深度对话，它迫使你去追求从课堂完成到课堂精彩。比赛的过程是一次教学反思的旅程，它能够让你重新审视自己的教学方法，重新定义课堂的意义。每一次备赛都是对教学内容的一次深度梳理，每一次试讲都是在和学生进行一场预演。这个过程虽然辛苦，但最终会收获满满。

比赛的压力和挑战往往能激发我们内在的潜能，让我们在短时间内快速成长。就像案例中的李老师，比赛前的焦虑和紧张其实是成长的催化剂。教学比赛的舞台虽小，但它能让我们看到更大的教学世界。教学比赛不是为了拿奖，而是为了更好地教书育人，是为了让自己在教学的舞台上闪闪发光。

二、校级教研课题：教学改革的探索与实践

案例：教学在研究中的升华

王老师是一名在高校任教不久的青年教师，他发现尽管自己使出了浑身解数，但是学生在课堂中的参与度仍不高。于是，他申报了一项校级教

研课题，旨在探索如何提高学生的课堂参与度。在课题研究过程中，他深入课堂，观察学生的学习情况，与学生进行交流访谈，收集了大量的数据和资料。经过两年的努力，王老师最终总结出了一套行之有效的教学方法。这套教学方法不仅提高了学生的课堂参与度，还得到了学校内部的广泛认可，并且在相关学术期刊上发表。

教研课题是教学的显微镜，能够帮助我们发现那些平时注意不到的问题。在教学过程中，我们总会遇到各种困惑，比如为什么学生学不会、为什么学生没有学习兴趣等，这些问题的背后都大有学问。教学是一门艺术，而教研课题则是这门艺术的科学支撑。通过教研课题，我们可以将教学中的困惑转化为研究的问题，将研究的成果转化为教学的改进方法，运用科学的研究方法深入分析和解决教育教学中的问题，推动教学改革和创新。这样不仅能够提高我们的教学质量，还能够提升我们的学术水平和科研能力。此外，教研课题还能让我们保持教学活力，因为每一次研究都是一次新的探索，都能给我们带来新的灵感。正如一位教育学者所说："教研课题不是为了发表论文，而是为了让教学更有温度、更有深度。"

教学比赛是教师成长的加速器，教研课题是教师发展的深耕机，两者相辅相成，共同构成了高校教师发展的重要路径。通过教学比赛，教师可以提升教学的表现力；通过教研课题，教师可以增强教学的内涵力。二者虽看似各有侧重，但其实都指向同一个目标，即让我们成为更好的教师。所以，别害怕挑战，别拒绝研究，勇敢地去拥抱它们吧！

第三节　筑梦科研：校级科研课题与学生科研项目

校级科研课题和学生科研项目是高校教师发展的重要组成部分，它们不仅能够提高教师的科研能力和教学水平，还能够培养学生的创新能力和实践能力，两者可谓是师生从探索到成长的双向奔赴。

一、校级科研课题：科研能力的锻炼与提升

案例：从校级课题到省级课题的科研起点

张老师是某高校的一名青年教师，入职后一直渴望在科研领域有所建树。但面对国家级、省部级课题的高门槛，他感到无从下手。学校每年都会开放校级科研课题申报，张老师精心撰写申报书，选题围绕本地特色产业展开，研究内容虽不宏大，但却贴近实际，详细阐述了课题的研究背景、目标、方法及预期成果。然而，初次申报却遭遇了失败。但张老师没有气馁，他仔细研究评审专家的反馈意见，对课题进行了全面的修改和完善。第二年再次申报时，他的课题成功立项。在研究过程中，张老师遇到了数据收集困难、研究方法不适用等问题，但他通过查阅大量文献、与同行交流、请教专家等方式，将各种困难一一克服。最终，他用两年的时间完成了课题，研究成果不仅发表在学术期刊上，还被地方企业采纳，解决了生产中的实际问题。更重要的是，这次的校级科研经历让他积累了经验，锻炼了团队，为申报省级课题打下了基础。

校级科研课题是高校教师科研生涯的练兵场，它或许没有国家级课题的高大上，也没有省部级课题的荣誉光环，但它却是教师科研之路的起点。很多教师在科研初期容易陷入高起点焦虑，总想着一步到位，直接冲击省级课题，甚至是国家级课题，却忽略了科研能力的提升和团队的培养。校级课题的门槛较低，资源相对集中，评审机制也更为宽松，这为教师提供了一个宝贵的成长平台。在申报校级课题的过程中，教师可以学会如何选题、如何设计研究方案、如何收集和分析数据，甚至如何撰写研究报告。而这些看似琐碎的技能，其实正是科研课题的基石。而且校级课题往往与学校或地方企业的实际需求紧密结合，研究成果可以直接应用到教学和管理中，真正实现科研与教学的良性互动。正如一位哲人所言：“伟大的事业，往往始于微不足道的尝试。”就像初学走路的孩子，需要先在

自家院子里蹒跚学步，之后才能逐渐走向更广阔的天地。

二、学生科研项目：创新实践的指导与培养

案例：从兴趣萌芽到科研启航的成长之路

胡老师是一名年轻的高校教师，他发现班上有几名学生对人工智能特别感兴趣，但苦于没有实践机会。于是，他鼓励学生组建团队，并协助他们申请了学校的大学生创新创业训练计划项目，研究方向是基于深度学习的校园垃圾分类系统。在项目实施过程中，胡老师不仅指导学生查阅文献、设计实验，还带领他们参加了几次学术交流活动。最终，这个项目不仅获得了校级优秀项目奖，还在全国大学生创新创业大赛中斩获佳绩。更重要的是，这些学生在科研中找到了兴趣和方向，其中两人后来考取了人工智能领域的研究生。

学生科研项目是高校教师培养学生科研能力的重要抓手，也是激发学生创新潜能的有效途径。很多教师认为指导学生科研是额外负担，但实际上这是一种双赢的尝试。学生通过科研项目可以获得实践机会和成长平台，而教师则可以通过指导学生积累科研成果，甚至为自己的科研团队发现和培养后备力量。此外，学生科研项目还可以促进教师与学生之间的交流与合作，提高教师的教学水平和科研能力，实现教学相长。

校级科研课题和学生科研项目是高校教师科研发展的两条重要路径。校级课题可以让我们在探索中寻找答案，提升自己的科研能力；学生科研项目可以让我们在指导中与学生共同成长，实现教学与科研的双向赋能。无论是哪一条路，都需要我们保持好奇心和探索精神。科研的道路上没有终点，只有不断前行的脚步。愿每一位教师都能在这条道路上找到属于自己的光芒，照亮自己，也照亮他人。

第四节 职场跃升：迈向讲师与系主任岗位

一、晋升讲师职称：职称评审的要点与准备

案例：李老师的讲师晋升之路

李老师是某高校的一名年轻教师，入职 3 年，一直怀揣着晋升讲师职称的梦想。他教学认真，深受学生喜爱，但职称评审时却屡屡碰壁，对此他困惑不已，不知道问题究竟出在了哪里。后来，他向学校里资历深厚的王教授请教，王教授对他说："职称评审不是简单的教学认真就行，而是一次综合条件的量化考评，具体方法是对照自己所在学校每年下发的职称评审文件来准备，虽然评审条件每年会有微调，但大致条件都差不多。"李老师听后恍然大悟。于是，他开始认真研读学校最新下发的职称评审条件，按照讲师评聘条件积极准备。最终，李老师顺利晋升为讲师，实现了自己短期的职业目标。

教育部和人力资源社会保障部在 2021 年发布的《关于深化高等学校教师职称制度改革的指导意见》中明确指出，高校教师学术水平与技术能力评议权直接下放至高校，高校可采取多种方式进行评议。此外，高校还可以自主制定评审办法和操作方案，自主组织评审和按岗聘用。以湖北省为例，早在 2017 年，湖北省人力资源和社会保障厅、省教育厅就发布了《关于下放高校职称评审权有关事项的通知》（鄂人社发〔2017〕20 号），将高校教师的职称评审权下放给各高校自主评审，自主评聘。一般湖北省省属高校评聘职称的做法是参照湖北省职称评聘的条件（以下简称省聘条件），根据本校的实际情况来制定每年的职称评审条件，985、211、"双一流"大学要比省聘条件高出很多，为保证参照标准的统一性，下面参照湖北省省聘讲师的职称条件进行示例解读。

（一）年限要求

具备下列条件之一者，可以认定或申报评审讲师职务任职资格。

（1）博士研究生毕业或取得博士学位，当年经考核合格可认定。

（2）硕士研究生毕业或取得硕士学位，并从事本专业技术工作 3 年以上，经考核合格可认定。

（3）硕士研究生毕业或取得硕士学位，或取得双学士学位，从事本专业技术工作 3 年以上，取得助教职务任职资格，并从事助教工作 3 年以上。

（4）大学本科毕业或取得学士学位后，从事本专业技术工作 5 年以上，取得助教职务任职资格，并从事助教工作 4 年以上。

（5）参加工作后取得本专业或相近专业的上述相同学历或从事本专业技术工作和助教职务工作累计达到上述规定的相应年限。

需要特别关注的关键达标条件包括：博士入职的当年，只要考核合格即可认定；硕士工作满 3 年，考核合格即可认定。

（二）教学和科研条件

任现职以来，专业工作应具备下列条件。

（1）具有扎实的本专业知识和较完备的教育理论基础，了解本学科国内外发展动态，具有从事教育教学、科学研究工作的能力。

（2）公共课和基础课教师，独立讲授 1 门以上课程；专业课和实践课教师，独立承担 1 门以上专业课程或实践课程部分或全部内容的教学工作，完成学校规定的教学工作任务。教学基本功扎实，教学态度端正，教学效果良好。

（3）年均教学工作量不少于 200 学时，任现职以来教学质量考核均为合格以上。

（4）全过程地承担过 1 门课程的专职辅导、答疑、作业、实验、实习、组织课堂讨论等各教学环节工作，批改、协助、指导毕业论文、毕业设计。

（5）有 1 年以上学生教育管理（班主任）或教学科研管理工作经历。

需要特别关注的关键达标条件包括：独立讲授 1 门课；年均学时不少于 200 学时；1 年班主任经历。

任现职以来，工作业绩应具备下列条件中的 3 条，其中前两条为必备条件。

（1）发表学术论文 2 篇以上，或发表学术论文 1 篇以上，且参与撰写学术著作或参编省级以上统编、规划教材（本人撰写 1 万字以上）。

（2）理工科类：主持或参与科研项目的到账经费年均 1.2 万元以上。经管类：主持或参与科研项目的到账经费年均 0.8 万元以上。文科类：主持或参与科研项目的到账经费年均 0.6 万元以上。

（3）获厅（局）级以上奖或校级教学成果奖。

（4）参与校级以上科研项目。

（5）参与完成省级以上教学质量工程项目。

（6）获得与本专业相关的国家专利 1 项以上。

（7）指导学生参加校级以上专业比赛获二等奖以上。

（8）艺术类教师参与完成校级以上大型项目设计或企业形象设计，取得良好的社会效益和经济效益。

需要特别关注的关键达标条件包括：发表学术论文 2 篇，普刊即可；科研经费年均金额 1.2 万元（理工）、0.8 万元（经管）、0.6 万元（文科）；1 项校级科研项目。

晋升职称的第一步是了解每个职称的评审标准。高校通常会对助教、讲师、副教授、教授的评审条件有明确规定，包括学历、工作年限、技术成果、论文发表等方面的要求。拟评职称的教师需要根据自己的现状，逐条对照学校的职称评审条件，按照高出学校发布的评聘条件，至少提前 3 年开始准备，制订一个清晰的晋升计划。

案例：楚老师的讲师成长记

晨光初现时，楚老师的键盘声总在文学院三楼走廊最先响起。30 岁出头的他像一株倔强的竹子，在青石阶教室与堆满古籍的办公室间来回生长。

“周教授，这是我设计的互动教学方案。”入职第三个月，他把熬夜制作的 PPT 递到导师面前。周教授端起青瓷杯轻嗅着茶香说道：“武夷岩茶要经历 3 次焙火，教学又何尝不是？”那天，他记住了这个比喻，开始把中国现代文学思潮设计成 12 个主题剧场，让学生用沉浸式朗读重现《狂人日记》中的月光。

初春的暴雨总爱突袭江城。凌晨 2 点，接到小夏同学的求助电话时，楚老师正在校对校教研项目的申报书。“楚老师，302 宿舍的暖气管道爆了……”裹着羽绒服冲进雨幕的他不会想到，这次应急处理会成为晋升材料里“学生管理经历”的生动注脚。后来，他在班主任日志里写道：“真正的教育不在讲台高度，而在俯身倾听的弧度。”

科研经费到账的那个下午，他正在指导学生拍摄《方言故事会》。镜头里七旬老人用俚语讲述着渡口往事，弹幕突然飘过“这才是活着的文学”。这个点击量破百万的作品，既满足了“指导学生获奖”的硬指标，更让他顿悟，学术经费不是冰冷的数字，而是知识反哺民间的脐带。

深秋整理晋升材料时，周教授送来一盒鸭脖，并说道：“记得留白。”茶香氤氲间，他删去了简历里所有华而不实的修饰语。当看到自己带过的学生在材料附录的感谢信里写着“楚老师的批注总是那么认真”，他忽然想起《师说》里那句“师者，所以传道受业解惑也”。原来韩愈早把晋升的密码写在千年前的月光里了。

二、任职系主任：管理能力的培养与提升

案例：从独善其身到兼济天下

陈老师是一位成功晋升讲师的青年教师，一次偶然的机会，学院的系主任职位出现了空缺，院领导想要培养她，就推荐她参加了竞选。成功上

任后，她发现管理比教学复杂得多，不仅要协调各方关系，制订教学计划，还要处理各种突发问题，这使她着实感到手足无措。系里的教师们性格各异，有的热衷科研，有的专注教学，还有的对行政事务不感兴趣。她感叹道：管理一个系并不像管理自己的课堂那么简单。但她没有退缩，而是积极学习管理知识，向其他系主任请教经验。她注重与教师的沟通交流，了解他们的需求和想法，充分发挥教师的主观能动性。在她的努力下，系里的教学和科研工作都取得了显著的成绩，教师们的工作积极性也得到了提高。陈老师逐渐成长为一名优秀的系主任，赢得了师生的认可和尊重。

晋级行政职务系主任，是高校青年教师职业发展的另一个维度。与学术晋升不同，行政职务晋级意味着从一名单纯的教师转变为一名管理者。这不仅需要具备扎实的专业知识，还需要具备良好的管理能力和领导能力。行政职务更强调管理能力和领导力。系主任作为系里的负责人，不仅要协调教学、科研和行政事务，还要平衡系内教师的利益和需求，推动系里的发展，是一种从个人成就到团队成就的转变。

行政工作与教学科研并非对立，而是可以相互促进。通过行政工作，教师可以更好地了解学校的运作机制，提升自己的组织协调能力，从而在教学和科研中取得更大的成就。

管理的本质在于平衡，而领导的关键在于决策。一个优秀的系主任，既要有全局观，又要有执行力；既要能倾听，又要敢于拍板。只有在平衡中找到方向，在决策中赢得信任，才能带领团队走向更高的目标。

管理不是简单的发号施令，而是一门艺术。系主任要懂得倾听，了解大家的需求和想法；要懂得激励，让每个人都能发挥自己的长处；更要懂得平衡，处理好各种关系。请你记住，管理的本质是服务，而不是控制。

剧场：张老师的系主任心路

深秋的梧桐叶打着旋儿落在行政楼前的台阶上，张老师攥着系主任聘书的手心沁出薄汗。这位刚满30岁的植物学讲师怎么也没有想到，自己研究了多年蕨类植物孢子传播，可有朝一日竟要面对更复杂的人类群体生态。

第一次系务会的冷场像极了实验室里失败的培养基。15位教师分坐在椭圆形会议桌两侧，左边是传统派的老教授们，他们手里端着保温杯，右边是创新派的海归们，他们的手指在笔记本电脑上敲出细密的声响。“关于教学评估改革……”张老师话音未落，资历最深的王教授已经起身添第三遍茶水。

那晚，张老师在空荡荡的实验室待到凌晨，在透过显微镜观察夜光藻的荧光反应时他顿悟了：其实每个教师都像不同光频的藻类，强行统一波长只会让整个体系黯淡。次日清晨，系办公室飘散着现磨咖啡的香气，公告栏贴出了“光合作用时间表——每周三下午茶时段，任何教师都能带着课题来系主任办公室蹭阳光”。

“张主任，赵老师的分子生物研究又和我的遗传学内容撞车了。”海归张博士边说边闯进了系主任办公室，这时张老师正在给窗台的铁线蕨喷水。张老师递过温度刚好的拿铁咖啡，说道：“记得你们去年联合申报的校级科研项目吗？如果把课程重叠部分设计成跨学科模块……”玻璃窗上的水雾映出两个渐渐靠近的身影，蕨类植物的卷须在晨光中舒展。

3年后的毕业典礼上，当那个曾经逃课去创业的学生捧着植物仿生学在医疗器械中的应用专利证书向他鞠躬时，张老师忽然想起王教授退休前说的话：“你这套‘无为而治’倒让我想起榕树的气生根，看着柔软，实则把整个生态都盘活了。”

“两个太阳照不亮同一片叶子。”张老师边说边用镊子夹起并蒂兰标本，正在为课程排班争执的两位老师突然安静了。他把标本浸入培养液，然后轻轻拿到二人面前说道：“但根系交织的共生兰，能在雨林暗处开出双色花。”这个充满植物学智慧的瞬间，开启了生物工程系最具创造性的教学改革。张老师将全系 37 门专业课梳理成六大知识群落，设计出“交叉授粉”课程矩阵。老教授的传统实验课开始穿插虚拟现实模拟操作，海归派的基因编辑技术课程新增了伦理讨论模块。那个总抱怨“现在的学生不会做切片”的凃老师，最近正跟着李老师学习在慕课平台上传显微成像视频。

教学陈列馆里，泛黄的讲义手稿与崭新的多媒体课件并置陈列。张老师用管理科研项目的方式建立教学档案，每份教案都像蜡叶标本般标注着采集时间、生长环境和变异特性。当新入职的讲师惊讶于 10 年前某位前辈设计的蛋白质折叠折纸教具时，他们不知道系主任办公室的标本夹里还收藏着更珍贵的失败案例集，不过那些凋谢的创新尝试最终都成了来年新芽的养分。

“不要做只会修枝剪叶的园丁，要当善于观察生长规律的学者。”张老师在校刊《共生》第九期的卷首语里写道。这句话后来被青年教师们悄悄印在咖啡杯上，伴着实验室凌晨 3 点的日光灯，照亮了一篇篇终于通过评审的 SCI 论文。

无论是职称晋升为讲师，还是晋级行政职务系主任，都是高校青年教师职业发展的重要途径。在选择发展道路时，教师要根据自己的兴趣爱好、专业特长和职业规划来做出选择。一旦做出选择，就要坚定地走下去，不断努力，不断学习，不断提升自己的能力和素质。相信只要我们坚持不懈，就一定能够在自己选择的道路上取得成功，实现自己的职业目标。

第四章　中期发展：实现职务与职称双突破

案例：困顿的讲师小李

小李是一名高校讲师，在高校已经任教10年了。从起初教书育人的蓬勃热情，到如今陷入了职业发展的困顿，是谋求职称的晋升还是追求职务的晋级？他对两者的发展前景都不太了解，不知道该如何选择。

小李拜访了他的人生导师，70岁仍精神矍铄的李教授。听完小李的困惑后，李教授笑着说这是每位高校教师都会经历的阶段，职业发展如同爬山，得先想清自己想爬哪座山，是学术的高峰，还是管理的高地，还是想同时征服。

李教授先谈及晋升副教授，走学术发展之路。他表示，若选择这条道路，那么目标就是晋升副教授，甚至教授，核心是科研和教学，要明确学校职称评审要求。在科研方面，要发表高水平论文、主持科研项目、出版学术著作。同时，教学也不可忽视，虽然科研是硬指标，但教学是基本盘。教学的评价、教学比赛的成绩、课程建设的成果等都能为晋升加分。还可以尝试开设一门特色课程，或者参与教材编写，这些都是教学领域的亮点。但走学术之路需要耐心和毅力，要享受探索未知的过程。不过在此之前，你得问问自己是否对学术研究有真正的热爱，是否愿意在实验室、图书馆、论文写作中花费大量的时间。如果答案是肯定的，那就可以开始规划了。

接着，李教授又谈起了晋级学院副院长，走管理发展之路。学院副院长是个不错的起点，虽然听起来是个官，但实际上是服务师生、协调资源的角色。如果走管理这条路，那么个人需要具备组织能力和沟通能力。需要处理好复杂的人际关系，既要和领导保持良好的沟通，又要赢得同事和学生的信任。另外，行政事务繁杂，会占用大量的时间和精力，甚至影响教学和科研。最重要的是，需要明确自己是否真的喜欢这种“为他人做嫁衣”的工作。如果答案是肯定的，那就可以大胆去尝试了。

第一节　勇攀教峰：省级教学比赛与省级教研课题

案例：一堂课的“生死时速”

余老师是一名高校讲师，在一次省级教学比赛中，他精心准备了 3 个月，结果却在评委点评环节被指出“内容扎实但缺乏亮点，逻辑清晰却少了灵魂”。余老师深感挫败，他心想：我明明准备得很充分，当天的现场效果也很好，为什么评委会给出这样的评价呢？于是，他积极向经验丰富的优秀教师请教，邀请同事们观摩自己的试讲，并认真听取他们的意见和建议，他还仔细研究优秀教师的比赛视频。后来，他终于明白了，教学比赛不是为了比赛而比赛，而是提升教学效果的一种手段。教学比赛应该以提高学生的知识水平、能力、素质为目标，其亮点是把课堂还给学生，让学生主动去思考、去探索、去实践，让学生真正地掌握知识，培养学生解决问题的能力，让学生在课堂上动起来、活起来。教学比赛的评委不是看教师讲得多精彩，而是看学生学得多精彩。

第二年，余老师再次参赛。比赛那天，他上台后自信的气场、生动的讲解，瞬间就把评委和观众吸引住了。最后，余老师获得了省赛一等奖。余老师赛后感叹道：“教学比赛就像一面镜子，既照出了我的不足，也映出了我的潜力。”

一、教学比赛突破：省级教学赛事的挑战与机遇

省级教学比赛就像是一场盛大的教学盛宴，汇聚了来自全省各地的优秀教师。在这里，大家相互交流、相互学习、相互竞争。对于参赛的教师来说，这是一次难得的锻炼机会，也是一次全方位的挑战。通过参加比赛，教师们可以深入了解自己在教学理念、教学方法、教学技能等方面的优势和不足，从而有针对性地进行改进和提升。同时，比赛的压力也会促使教师们走出自己的舒适区，激发自己的潜能，实现自我超越。此外，教学比赛还为教师们提供了一个展示自我的平台，让他们的教学才华得到更广泛的认可和关注。

教学比赛是教学能力的放大镜。教学比赛不是简单的课堂搬运，而是对教学能力的全面检验。它要求教师不仅要有深厚的学术功底，还要有高超的教学设计能力和课堂掌控能力。比赛的核心在于以学生为中心，评委关注的不是你讲了多少，而是学生学到了什么。教学比赛是一场“生死时速”，每一分钟都需要精心设计，每一个环节都需要环环相扣。它考验的不仅是你的知识储备，更是你对教学本质的理解。

教学比赛可不是单纯地为了拿个奖回来炫耀，它是我们教师成长的催化剂，能够让我们接触到同行的先进教学理念和方法。就像黑暗中别人手中的那盏灯，能够照亮你前行的路。当你看到别人好的地方时就会想：我也要这样做。当你看到别人不足的地方时就会提醒自己：我可不能犯这样的错误。所以，教学比赛不仅是展示自己的舞台，更是学习和成长的绝佳机会。

案例：从“无从下手”到“柳暗花明”

张老师是一名入职 10 年的高校讲师，拥有较为丰富的教学经验，可他总觉得教学不能只靠经验，还得有理论支撑。于是，他开始申报省级教研课题，但在申报过程中却屡屡碰壁，评委对他的课题的评价是“选题不

够聚焦”“研究方法不够科学”。后来，张老师虚心请教了资深教授胡教授，这时他才恍然大悟：教研课题不是单纯的学术研究，而是为了解决教学中的实际问题。张老师开始从自己的课堂出发，寻找教学痛点。张老师发现学生们在学习时存在着低头玩手机或看小说、学习积极性不高的问题，于是他就从学生课堂低头率较高这一现象切入，最终他以“翻转课堂在大班教学中的应用”为题，成功立项，并在研究中取得了显著成果。张老师的课题不仅提升了教学质量，还为学校的教学改革提供了宝贵经验。

二、教研课题培育：省级教研项目的申报与实施

优秀的教研课题往往诞生于教学现场的褶皱处，教研课题的本质是为教学而研究，它的出发点和落脚点都在课堂。一个好的教研课题必须来自教学实践，服务于教学实践。它不是为了发表论文，而是为了找到教学中的痛点，从而提出切实可行的解决方案。教研课题是教师成长的助推器，它能让你从教学的匠人变成教学的专家。

省级教研课题是高校教师开展教学研究的重要平台，也是推动教学改革和创新的重要力量。通过开展教研课题研究，教师们可以深入探索教学规律，发现教学中存在的问题，并提出有效的解决方案。同时，教研课题研究还可以促进教师之间的交流与合作，培养教师的科研能力和团队协作精神。此外，教研课题的研究成果还可以为教学实践提供理论支持和实践指导，提高教学质量和人才培养水平。

“登山则情满于山，观海则意溢于海。”无论是省级教学比赛，还是省级教研课题，都是高校教师成长的加速器。不仅是检验教师教学水平和科研能力的重要平台，更是教师个人成长和职业发展的强大助推器。通过参加教学比赛，我们可以提升教学水平，展示教学风采。通过开展教研课题研究，我们可以探索教学规律，推动教学改革。愿每一位高校教师都能在教学的旅途中勇攀教峰，成就精彩！

第二节　深耕科研：省级科研课题与社会服务

案例：从泥土里种出的省级科研课题

王老师是一位年轻的高校讲师，在自己的专业领域有着浓厚的兴趣和独特的见解。初入高校时，他便立志要在科研上有所建树。在了解到省级科研课题对学术发展的重要性后，他积极投身其中。但开始时他的课题申请总是石沉大海，多次被拒绝后让他感到十分沮丧。然而，王老师并没有气馁，他认真分析每一次被拒绝的原因，多次拜访校内外的资深前辈，虚心求教。第二年，他重新选题，聚焦地方社会发展中的实际问题，结合自己的学科专业，研究了本地一种特色植物的生长习性，提出了一个既有理论深度又有现实意义的研究方案，从田野调查到实验室分析，从文献查阅到现代技术应用。最终，他的课题成功立项，并在之后整整花了 3 年时间开展研究。结果他不仅在核心期刊上发表了多篇论文，还意外发现这种植物有独特的药用价值，引起了医药企业的关注。这不仅为他个人赢得了声誉，也为学校带来了横向合作的契机。

一、科研课题破局：省级科研项目的立项申报

科研就像一场奇妙的探险，而省级课题就是进入探险世界的入场券，它能带你走进知识的深海，让你在探索中发现未知的宝藏。就像案例中的王老师，他选的课题虽小，但足够专注、足够深入。科研的魅力就在于只要你肯下功夫，哪怕是一粒尘埃，也能折射出宇宙的光芒。请你记住，没有小课题，只有小视野。只要你用心，省级课题也能成为你攀登学术高峰的坚实基石。

案例：科研课题萌发于课堂教学之中

历史系的张老师每次上课时都会绘声绘色地讲一些历史故事，有一次讲到古代丝绸之路，有个学生问道："老师，古代的丝绸之路对现代贸易有什么启示呢?"张老师当时并没有多想，而是随口回答了几句。但课后他越想越觉得这个问题有意思，于是他开始收集资料，研究古代丝绸之路的贸易模式、文化交流等，最后成功申请了一项省级科研课题。

省级科研课题是从"小溪"到"大河"的科研之旅。省级课题的申报不是单纯的文字游戏，而是对研究者学术敏锐度和社会洞察力的双重考验。选题要有新意，但不能脱离实际；要有深意，但不能空谈理论。好的选题往往是从"小溪"开始，逐渐汇聚成"大河"。它可能源于你课堂上的一个灵感，或者是你在地方调研中发现的一个痛点。科研的意义不在于高大上的标题，而在于能否解决实际问题，能否推动学术和社会的双向进步。

省级科研课题是一把通往学术殿堂的钥匙，它为高校教师提供了一个展示自己才华和能力的平台。通过参与省级课题，教师可以获得更多的科研经费支持，组建自己的研究团队，深入开展学术研究。这些课题往往具有较高的学术价值和社会影响力，能够推动学科的发展和进步。同时，成功申请和完成省级课题也是教师个人学术能力的重要体现，还是晋升高一级职称的硬性考核指标。此外，省级课题通常紧密结合地方经济社会发展需求，可以解决实际问题，这不仅为社会做出了贡献，还能让教师的研究成果得到更广泛的应用和认可。

二、社会服务拓展：学术成果转化的实践探索

案例：从一篇论文到一项地方政策

张老师是一位研究农村经济的讲师，他的研究方向是乡村振兴中的产业发展模式。起初，他的研究成果主要以论文形式发表在学术期刊上，影

响力仅局限于学术圈。一次偶然的机会，他受邀参加地方政府组织的乡村振兴研讨会。在研讨会上，张老师结合自己的研究成果，提出了“特色产业＋人工智能短视频”的发展模式，得到了参会领导的高度认可。随后，他被聘为地方政府的顾问，参与制定相关政策，并带领团队深入乡村开展实地调研和技术指导。几年后，这一模式在多个乡村得到推广，显著提高了农民收入，张老师的研究也因此获得了更大的社会影响力。

社会服务是高校教师科研工作的重要延伸和拓展。高校作为知识创新和人才培养的重要基地，肩负着服务社会、推动社会进步的重要使命。通过开展社会服务，高校教师可以将自己的科研成果转化为现实生产力，解决社会发展中的实际问题，为社会创造价值。同时，社会服务也为教师提供了更多的实践机会，让教师能够深入了解社会需求，发现新的研究问题，丰富研究内容，提升研究水平。此外，积极参与社会服务还能增强教师的社会责任感和使命感，树立高校教师的良好形象，促进高校与社会的紧密联系和互动。

社会服务让科研能够走出象牙塔，科研的真正价值在于用得上。科研的终极目标不是发表多少篇论文，而是为社会发展提供更好的方案。高校教师的科研不能局限于象牙塔，而是要主动走向社会，寻找科研与实践的结合点。社会服务不仅是科研成果转化的途径，也是科研选题的重要来源。科研与社会服务的关系就像树和土壤，树需要土壤的滋养，而土壤也因树的生长而更加肥沃。

亲爱的教师朋友们，当看到自己的研究成果能够解决实际问题，能够帮助人们过上更好的生活，那种成就感是任何荣誉都无法比拟的。请你记住，科研的最终归宿是社会，只有贴近社会需求，才能让科研之树常青。

第三节　学术星空：教改成果与论文、专利和软著

在高校教师的职业生涯中，教学改革成果就像夜空中的星辰，闪耀着智慧与努力的光芒。它们不仅是教师个人成长的见证，更是教育事业发展的基石。现在就让我们一起走进这片学术星空，从课程思政示范课程、优秀基层教学组织、一流本科课程立项建设、一流本科专业建设点申报到优秀教学成果，逐一探讨如何点亮属于自己的那颗星。

一、课程思政示范项目：融入思政元素的教学创新

课程思政示范项目的建设旨在将思想政治教育有机融入各类专业课程中，实现知识传授与价值观教育的有机统一。该项目属于教育教学改革项目，强调在课程教学中融入思想政治教育元素，注重课程的育人功能。申报课程思政示范项目有助于提升教师的课程设计能力和教学水平，同时为教师提供展示教学成果的平台，增强课程的影响力和示范效应。

案例：让知识有温度

张老师是一名工科教师，讲授工程力学。起初，他认为课程思政与自己的专业无关，但在一次教学比赛中，评委的一句“力学不仅是力的平衡，更是人生的平衡”点醒了他。于是他开始在课程中融入桥梁建设中的家国情怀、工程事故中的职业伦理，甚至是力学公式背后科学家的故事。最终，他的课程被评为省级课程思政示范项目，学生们对张老师授课的评价是：“这门课不仅教会了我们力学，更教会了我们做人。”

课程思政不是思政课，而是让每一门课都有温度。它不是额外的负担，而是教学内容的升华。知识是冰冷的，但价值观是温暖的。课程思政的核心在于找到知识与价值的交汇点，让学生在学习知识的同时感受到责

任与使命。

课程思政不是简单的“知识＋思政”，而是要让课程变得有滋有味。就像一杯白开水，加点糖就甜了，加点盐就咸了。思政元素就是那点糖或者盐，能让知识变得更有味道。学生们在学习专业知识的同时还能感受到价值观的熏陶，他们不仅会记住知识，还会记住这门课背后的精神力量。

案例：盐溶于汤的课程思政

某大学的李教授在环境工程学的课堂上播放《流浪地球》时突然问道：“为什么冰封上海的画面会让你们集体倒吸冷气？”学生们听后集体沉默，他指着雾霾监测图说：“10 年前这片红区正覆盖着我们的教室，现在蓝天回来了，因为有人在你们这个年纪就立志改变。”后来，李教授的“城市呼吸计划”入选了教育部示范课程，他的学生设计的空气净化装置在社区落地生根。

教育不是知识的搬运，而是灵魂的共鸣。当专业理论与社会责任在课堂上产生化学反应，冰冷的公式就会变成温暖的火种。就像揉面时撒盐，吃的时候虽然看不见盐粒，却可以尝得到滋味，这才是课程思政的真谛。

那么高校教师应该如何做好课程思政呢？

（一）深入挖掘思政元素

仔细研读专业教材和教学大纲，从专业知识中寻找与思政教育相关的切入点。例如，在理工科课程中，可以结合科学家的创新精神和奉献精神进行讲解；在文科课程中，可以从历史事件、文化现象中挖掘人文价值。逐步形成思政素材库，按照感动中国人物、大国重器、民生痛点等分类建档。在讲授专业知识时，可以结合行业内的先进事迹、国家的重大项目或者身边的感人故事。

（二）润物无声

在专业知识点中埋设情感触发点，将思政内容自然融入教学案例、课堂讨论和作业设计中，避免生硬灌输。

（三）加强与学生的互动

采用“现象导入—专业解析—价值延伸”三段式教学结构，关注学生的思想动态和学习需求，多与学生进行互动，观察他们对思政内容的反应，及时调整教学内容和方法。通过课堂提问、课后交流等方式，与学生建立良好的沟通渠道，鼓励学生分享他们对课程内容的价值思考，形成双向互动的课堂氛围，这样的课程思政才能真正打动人心。

案例：让知识与价值同频共振

小雪老师是一位教授文学课程的高校教师，她一直思考如何在传授文学知识的同时培养学生的人文素养和正确的价值观。在一次课堂上，她结合经典文学作品《平凡的世界》，引导学生探讨书中人物面对困境时的坚忍与担当，以及对理想和爱情的执着追求。学生们不仅对作品有了更深刻的理解，还从中汲取了积极向上的力量。小雪老师以此为契机，深入挖掘每一篇文学作品中的思政元素，将思政教育融入日常教学中。她的课程深受学生喜爱，并最终成功申报了课程思政示范项目。

课程思政示范项目不仅仅是在课程中简单地添加一些思政内容，而是要将思想政治教育与专业知识有机融合，让学生在学习专业知识的过程中，潜移默化地接受正确的价值观和道德观的熏陶。这就如同烹饪一道美食，思政元素就像是调味料，只有恰到好处地融入食材中，才能让整道菜既美味又营养。通过课程思政示范项目的建设，我们可以培养出既具备扎实专业知识，又拥有高尚道德品质和社会责任感的全面发展的人才。

二、优秀基层教学组织：团队建设与教学质量提升

优秀基层教学组织的评选旨在表彰在教育教学改革、课程建设、实践教学、师资队伍建设等方面取得显著成绩的基层教学组织，激发教师投身

教学工作的积极性和创造性，推动教育教学质量的全面提升。

申报优秀基层教学组织可以提升教师所在团队的凝聚力和影响力，促进教师之间的交流与合作，同时有助于提升教师自身的教学能力和专业素养。一般评选条件为出版规划教材、发表核心论文、获得教学成果奖、主持教研课题、参加教学竞赛获奖、指导学生竞赛获奖等。

案例：细胞核裂变效应

南京某高校数学系曾陷入“单兵作战”的困境，直到组建课程组实施“青蓝工程”后这一问题才得到了彻底解决。每周三下午的教研会上，老教授会演示如何把泰勒公式讲出武侠小说的快意，青年教师会分享用数学建模分析《三体》轨道方程。3 年后，这个基层教学组织捧回了省级荣誉，团队开发的“数学与美”慕课点击量破百万。

单个教师就如同一颗璀璨的星，而只有组织化的团队才能构成星系。就像细胞核裂变释放能量一样，当知识在碰撞中重构，就会产生指数级增长的教学势能，真正的教育奇迹永远诞生于集体智慧的共振。

那么应该如何组建基层教学组织呢？

（一）基因测序，绘制教师能力光谱图

通过三维坐标系标注每位教师的科研深度、教学创意和跨界潜能，全面了解每位教师的能力。某大学机械系采用这一方法后发现，研究齿轮传动的教授同时也是科幻迷，由此组建了“机械幻想”课程组，并开发了选修课——流浪地球中的工程力学。作为辅助工具，“能力彩虹卡”通过不同颜色的标签来标记教师的隐性特长，比如红色代表行业资源、蓝色代表数字化能力、紫色代表艺术修养等。

（二）启动核聚变，设计知识交换仪式

通过每月举办“认知集市”活动促进知识的流动。前半场，教师用一件物品隐喻自己的教学理念，比如生物老师用多肉植物表达教育应像叶片储水，旱季也能持续生长。后半场，教师自由配对，签订知识借贷协议，比如借 10 小时人工智能知识，还 8 课时课堂戏剧化教学法。

（三）建造反应堆，三层协作体系

组织分为内核层、中间层和外延层。内核层由 3 至 5 人组成，负责核心课程并实施教学临床轮岗制，每人每月至少替同事上一节课。中间层跨学科组运行“问题漂流瓶机制”，将教学难题封装成瓶子，交由其他学科教师匿名解答。外延层通过“双师镜像计划”连接行业网络，企业工程师与教师互为镜像，共同开发实践案例。

（四）安装变速器，动态调节机制

通过“蜂巢温度计”，每月评估组织的健康度，涵盖知识流动性、决策敏捷度、创新压强、情感黏度、资源再生率和外部耦合度等 6 个维度。同时设立流动岗位，比如“首席好奇官”负责引入跨界知识、“记忆编织者”负责整理教研的过程性资料，以此来保证组织的动态调整。

（五）设计能量站，非正式学习场景

在教研室内布置“认知飞地”，包括解构区、重构区和超链接区。解构区通过失败教学案例零件墙展示不成功的教案和学生的差评纸条；重构区提供乐高式教具组合包，用模块化方式快速拼装教学方案；超链接区设置行业趋势预警屏，滚动播放最新技术变革对课程体系的影响。

（六）培育共生体，知识新陈代谢系统

通过“细胞分裂计划”实现知识的传承与创新。老教师带徒开发“教学基因库”，将经验转化为可复用的微课颗粒；中年教师主导“变异实验”，用 5%的课时进行激进教学改革试点；青年教师负责“跨界移植”，将其他领域的新知识引入课程。

（七）建造时光胶囊，过程性成长档案

利用“五维星图”记录组织的成长轨迹，包括知识生产轨迹（新教学范式的产生）、关系进化图谱（协作网络的变化）、失败标本库（保存的错误尝试）、能量波动曲线（成员参与度的变化），以及环境交互印记（对外部生态的影响反馈）。

好的教学组织要像磁流体一样，既有固态的凝聚力，又能够保持液态的灵活性。当你们开始用工程的思维建造、用艺术的眼光装饰、用生态的理念运营时，那些曾经孤立的个体，终将在知识的磁场中跳起集体之舞。请你记住，真正的团队生命力不在于签过多少协议，而在于是否形成了自生长的知识根系。

三、建设一流本科课程：引领教学改革的示范课程

一流本科课程是高等教育领域推动课程建设高质量发展的重要举措，是提升本科教学质量的核心项目之一，代表了本科课程建设的较高水平和发展方向。

一流本科课程有利于教师更新教育教学理念，提升课程设计和实施能力，打造具有特色和影响力的课程，展示自己的教学成果和专业水平。同时，一流本科课程的建设成果将为教师的教学评价、职称晋升等提供有力支撑，对教师个人的职业发展具有重要意义。

一流本科课程包括线上一流课程、线上线下混合式一流课程、智慧课程、虚拟仿真实验教学一流课程。

案例："水课"变"金课"

王老师的数据分析与应用课程曾经是学生眼中的"水课"，但他不甘心。于是王老师花了两年时间，重新设计课程内容，引入真实案例教学，开发在线学习平台，增加实践环节。最终，这门课被评为国家级一流本科课程，学生们纷纷表示：这门课让我们真正学会了数据分析。

李老师是一位教授经济学的老师，他发现传统的课堂教学方式难以激发学生的学习兴趣。于是，他决定尝试翻转课堂教学模式，将课程内容制作成在线视频，让学生在课前自主学习。课堂上，李老师组织学生进行小组讨论、案例分析和项目实践，引导学生运用所学知识解决实际问题。这

种教学模式不仅提高了学生的学习积极性，还培养了他们的创新思维和实践能力。李老师的课程受到了学生的广泛好评，并成功立项为一流本科课程。

一流本科课程立项建设就是要打造“金课”，淘汰“水课”，一流的课程要做到“两性一度”，即高阶性、创新性和挑战度。“水课”是教育的毒药，而“金课”是学生成长的催化剂。课程的价值不在于教师讲了多少，而在于学生学到了什么。只有让学生学得进、学得深、学得好，课程才能称得上一流。

那么应该如何打造一流本科课程呢?

首先要优化课程内容，结合学科前沿和实际需求，更新教学大纲。其次要创新教学方法，比如采用线上线下混合式教学、项目式教学等，让学生主动参与学习。最后要注重课程评价，通过学生的反馈，及时调整教学内容和方法，让课程越来越好。

案例：“洋葱式”问题链

某大学的“智能制造系统”课程团队在一流课程立项过程中陷入了困境。评审专家指出，课程内容虽然全面，但缺乏内在逻辑和创新亮点，难以形成一流课程的核心竞争力。团队成员在会议室里反复讨论，气氛一度凝重。突然，一位年轻教师提出：“我们能不能用问题链的方式重新设计课程？从学生熟悉的车间现象入手，逐步引导他们进入更深层次的思考。”这个想法瞬间点燃了团队的热情。经过多次头脑风暴，他们设计了一条“洋葱式”问题链，即从车间机床异常振动这一具体现象出发，引导学生建立动力学模型，进一步通过算法优化解决问题，最后升华到工业4.0背景下的伦理讨论。每一层问题都像剥洋葱一样，层层递进，逐步引导学生从具象到抽象、从应用到创新。

在课程评审会上，团队用这条问题链展示了课程的教学设计。评审专家被这种“现象层—原理层—应用层—创新层”的四维目标深深吸引，称赞这门课程不仅能够传授知识，更能够培养学生的思维能力和创新意识。最终，这门课程成功入选一流本科课程。

课程立项成功后，团队总结道：“一流课程不是知识的堆砌，而是思维的引力场。我们要像宇宙星云一样，用问题牵引学生的认知，让知识在思考中组织成体系。”

四、一流本科专业建设点：专业发展的标杆与引领

一流本科专业建设点是高校专业建设的重要标志，它代表着专业的综合实力和人才培养水平。通过申报一流本科专业建设点，可以加强专业内涵建设、优化专业结构、提高专业的竞争力。同时，一流本科专业建设点的建设也为教师提供了更多的发展机会和平台，可以促进教师的专业成长。

一流本科专业建设点的申报就像是给专业贴标签，这个标签要是贴得好，专业就能脱颖而出。一流专业建设点的申报就是要找到专业的独特优势，通过优化课程体系、加强师资队伍建设等方式，让专业更有竞争力。

案例：塑造专业特色

某学院的市场营销专业以前在招生时总是不温不火，后来专业负责人王老师开始思考如何打造专业特色。他带领团队调研了市场需求，发现大数据营销是一个新兴方向。于是，他们在专业课程中增加了大数据分析、数字营销等课程模块。经过几年的努力，这个专业不仅在招生时变得非常热门，还成功申报了一流本科专业建设点。

那么应该如何申报一流本科专业建设点呢？

首先要找准定位，结合市场需求和学科优势，确定专业的发展方向。

其次要优化课程体系，围绕专业特色，设置核心课程和实践环节。最后要加强师资队伍建设，引进和培养专业领域的优秀人才，为专业发展提供有力支撑。

案例：让专业站得住

某高校的智能制造工程专业在申报省级一流本科专业建设点时面临激烈的竞争，专业负责人赵教授带领团队深入调研行业需求，优化课程体系，建设高水平师资队伍，完善实践教学条件。最终这个专业成功入选省级一流本科专业建设点，成为学校的“金字招牌”。

那么建设一流本科专业建设点有哪些秘诀呢？

（一）根系诊断法

开展专业调研，每学期组织对专业的“CT扫描”，用学生成长数据（学习轨迹云图）代替材料堆砌（教学档案袋），了解专业的发展现状和社会需求，分析专业的优势和不足，深入调研行业和社会需求，明确专业定位和培养目标。

（二）光合课程群

优化课程体系和教学内容，根据专业的培养目标和社会需求，优化课程体系和教学内容，突出专业特色。打造“基础课＋项目课＋创客课”的阶梯式课程生态，比如将单片机原理与智慧农业项目耦合。加强实践教学环节，培养学生的实践能力和创新能力。

（三）共生培养皿

建立专业建设理事会，邀请毕业生、企业导师、家长代表参与培养方案的制定，通过教学改革、科研成果和社会服务，提升专业的综合实力。鼓励教师参加学术交流和培训活动，拓宽教师的视野。

五、优秀教学成果奖：教学成就的高度认可

优秀教学成果是教师在教育教学实践中不断探索和创新的结晶，它反

映了教师的教育教学水平和教育教学理念。获得优秀教学成果奖不仅是对教师个人工作的肯定，更是对教学改革成果的认可。同时，优秀教学成果也为其他教师提供了借鉴和参考，推动了整个教育教学事业的发展。

案例：教学成果的蝴蝶效应，让课堂涟漪扩散成教育浪潮

某高校的李教授，他的专业是人工智能。5年前，他接手了一门冷门课程——机器学习基础。这门课的选课人数少得可怜，甚至连系主任都劝他："别太费劲了，这门课就是个鸡肋，学生学了也用不上。"但李教授却不这么认为，他说："机器学习是未来的钥匙，学生们现在不感兴趣，是因为我们没有把这把钥匙的价值讲清楚。"于是，李教授开始了大胆的教学改革。他把课程从传统的理论讲授转变为项目驱动式教学，让学生从第一堂课起就参与到真实的企业项目中。他联系了几家科技公司，争取到了一些实际问题作为教学案例，比如如何优化推荐算法、如何用数据预测用户行为等。在课堂上，李教授不再是讲师，而是导师，学生们则是团队成员。每周的课堂变成了头脑风暴的战场，学生们在解决问题中学会了理论，在实践中掌握了技能。

3年后，这门课的选课人数从最初的十几人飙升到全校第一，甚至吸引了其他院系的学生跨专业选修。更令人惊讶的是，这门课的学生在毕业后普遍进入了顶尖企业，甚至有几位学生创办了自己的科技公司。李教授的教学改革成果最终获得了国家级优秀教学成果一等奖，并向全国高校推广。

优秀教学成果奖的本质不是为了奖励"教得好"，而是为了奖励"教得有用"。"有用"不仅仅是让学生学会知识，更是让他们学会用知识去改变自己、改变世界。案例中李教授的成功正是因为他抓住了教学的核心，即创造价值。

很多教师在追求优秀教学成果奖时往往会陷入一个误区，即以为只要把课程设计得高大上就能获奖。但实际上评审专家最看重的是你的教学是否真正解决了学生的需求，是否对社会产生了积极的影响。教学成果的价值不在于你讲了多少知识点，而在于学生能用这些知识点做出了什么样的事情。正如教育学家杜威所说："教育的目的不是让学生适应现有的社会，而是让他们有能力去创造一个更好的社会。"优秀的教学成果必然是能够推动社会进步的成果。

那么应该如何打造优秀教学成果呢？

（一）从学生需求出发，设计课程目标

优秀的教学成果必须以学生为中心。请你问问自己：学生最需要什么？他们的痛点在哪里？案例中的李教授发现学生对机器学习的兴趣不高，是因为他们看不到这门课的实际价值，所以他通过引入真实项目，帮助学生感受到了知识的力量。

（二）用创新的方式解决教学中的难题

创新是教学成果的灵魂。创新不一定是颠覆性的，它可以是一次小小的改进，比如改变课堂的互动方式或者引入新的评价机制，关键是这种创新要能够解决实际问题。案例中李教授的项目驱动式教学就是一种创新，它解决了学生学习动力不足的问题。

（三）建立多方合作，扩大教学影响力

教学成果的影响力往往决定了它的高度。与企业、政府、社会组织合作，可以让你的教学成果走出课堂，带来更大的社会效益。案例中的李教授通过与科技公司合作，不仅提升了课程的实用性，还为学生创造了更多的就业机会。

（四）用数据和案例证明成果的有效性

优秀教学成果奖的评审最看重的是实证。你需要用数据和案例来证明你的教学改革是成功的，比如学生的学习效果提升了多少、毕业生的就业率提高了多少、社会对课程的评价如何。案例中李教授的学生创业成功、进入顶尖企业，这些都是他教学成果的有力证明。

（五）持续改进，形成可推广的模式

优秀的教学成果必须具有可复制性和可推广性。你需要总结出一套清晰的教学模式，让其他教师也能借鉴和应用。案例中李教授的项目驱动式教学模式后来被推广到了其他院系，甚至成为学校教学改革的标杆。

案例：一本泛黄的教学日记本

去年，我在清华大学档案馆看到了张教授 1987 年的教学日记本，泛黄的纸页上工整地记录着每堂课的学生反馈。这本持续更新了 32 年的日记本最终孕育出了国家级教学成果特等奖。更令人动容的是，获奖证书被端正地夹在第 1023 页，那天正是他的最后一堂课。

那么高校教师应该如何培育教学成果呢?

第一步，教学痛点具象化。例如，材料学院的王老师发现学生经常混淆晶体结构参数，于是设计了一套参数积木，这个看似简单的教具后来成为省级教学成果奖的核心载体。这个案例告诉我们，把抽象问题转化为可触摸的教学场景是培育教学成果的第一步。具体操作时，可以每月用手机录制 3 段学生的困惑瞬间，将典型问题转化为教具或活动设计，最后制作《教学痛点转化手册》。

第二步，成果生长可视化。例如，在李教授的电路原理翻转课堂，除了常规材料，他还带来了学生的笔记变迁图集，从整齐的公式抄录到充满思维导图的创意本，直观呈现了教学改革的轨迹。案例中这种可视化的呈现方式很值得我们借鉴：可以建立学生作品对比墙，用时间轴展示学习成果；可以绘制知识吸收热力图，记录课堂的应答数据；可以构建能力成长树状图，关联阶段性测评结果。

第三步，辐射效应生态化。例如，赵教授的团队申报国家级奖项时，不仅展示了自编教材，还构建了“慕课＋虚拟教研室＋乡村教师工作坊”的立体辐射网，他们的云平台可以实时显示成果辐射轨迹。案例中的这种

生态构建有 3 个要诀：建立成果转化三环模型，从课堂到校园，再到社会；设计可拆解的模块化组件；开发成果自生长评估系统。

教学成果的培育过程就像照镜子，能照见三重镜像。第一重是教育初心，整理申报材料的过程其实就是在擦拭蒙尘的教学初心，那些被量化的指标应该成为丈量初心的标尺而非模具。第二重是认知迭代，比如某高校教授将 20 年的申报材料按时间线装订，清晰展现出从技术改进到范式革命的思维跃迁。第三重是团队光谱，比如某高校语言学团队申报教学成果时特意保留了教研会议录音中的争论片段，这些思维碰撞的火花最终成为评审专家盛赞的真实的成长纹路。

表 4-1 教学成果培育周期表

阶段	核心任务	时间锚点	成果形态
萌芽期	教学痛点捕捉	日常授课	问题日志
发酵期	解决方案迭代	学期末总结	教改方案
成熟期	成果结构化	学年评估	研究报告
辐射期	模式推广	三年规划	教学共同体
再生期	范式升级	五年周期	新形态课程体系

案例：点亮学术星空

陈老师是一名在生物医学领域深耕多年的高校讲师，入职以来一心扑在教学上，而忽略了论文发表。跟他同一批进校的张老师，不仅在学术期刊上发表了多篇影响力较大的论文，还申请了几项专利和软件著作权。这些成果不仅为张老师赢得了学术声誉，今年还顺利评上了副教授，更为他的实验室带来了丰厚的科研经费。而陈老师却在职称评定、项目申报中屡屡碰壁，至今还停留在讲师职称，这时他才意识到论文、专利、软著对于高校教师的重要性。

论文、专利和软著是高校教师学术生涯的重要组成部分，它们不仅是学术创新的体现，也是职称晋升、项目申报的入场券，更是教师个人品牌和学术影响力的重要标志。

六、论文发表：学术观点的传播与交流

案例：从“无从下笔”到“水到渠成”

张老师是一所高校的教师，主讲教育学相关课程。他对教学充满热情，但提到论文发表，他总是皱眉叹气。不是他不努力，而是他总觉得自己没什么可写的。每次打开电脑，他都会盯着空白的文档发呆，脑海里只有一个念头：我能写点什么呢？

有一天，张老师在学校的学术沙龙上遇到了李教授。李教授是学校的明星学者，论文发表数量惊人，几乎每个月都能看到他的名字出现在核心期刊上。张老师鼓起勇气向李教授请教：“李老师，您是怎么做到的呢？我总觉得自己没有研究方向，也没有什么新意，写不出东西来。”李教授笑了笑，递给张老师一杯茶，说道：“写论文就像泡茶，水温、茶叶、时间都得讲究，但最重要的是你得先有茶叶。你现在的问题不是写不出来，而是你还没找到属于自己的‘茶叶’。”张老师听得一头雾水，李教授接着说道：“你教授的是教育学课程对吧？那你有没有注意到学生在课堂上的表现？有没有发现他们在某些环节特别活跃，而在某些环节却特别沉默？这些现象背后可能就藏着你所需要的‘茶叶’。论文不是凭空写出来的，而是从你每天的教学、观察和思考中生长出来的。”这番话让张老师茅塞顿开。后来，张老师开始在课堂上留心观察学生的表现，记录他们的学习行为和反馈。例如，张老师发现学生在讨论式教学中参与度更高，但在传统讲授式教学中容易走神。他把这些观察记录下来，再结合教育学理论，慢慢便形成了一个研究问题——讨论式教学对学生学习效果的影响机制是什么？

有了研究问题以后，张老师开始查阅文献。很快他就发现，国内外关于讨论式教学的研究不少，但大多集中在宏观层面，缺乏具体的机制分

析。于是，他决定从微观角度入手，设计了一次课堂实验，收集学生的学习数据，分析讨论式教学如何通过激发学生的自主性和互动性来提升学习效果。

实验结束后，张老师赶忙整理数据，准备撰写论文。起初，他还是觉得无从下笔，但他想起李教授的话，“论文写作就像盖房子，要先搭框架，再添内容”。于是，他先列出论文的基本结构，引言、文献综述、研究设计、数据分析、结论与讨论，然后再逐步填充每一部分的内容。写引言时，张老师回顾了自己发现问题的过程；写文献综述时，张老师总结了已有研究的不足；写数据分析时，张老师用图表清晰地展示了实验结果。

几个月后，张老师的论文终于完成了，他鼓起勇气投给了一本核心期刊。虽然第一次投稿被退稿了，但审稿人回复了详细的修改意见。张老师没有气馁，而是根据意见逐条修改，补充了更多的数据分析和理论讨论。第二次投稿时，论文顺利被录用。

论文发表后，张老师信心大增。他发现，写论文并不是一件高不可攀的事，而是一个从观察到思考、从思考到表达的过程。更重要的是，他明白了一个道理，那就是论文不是为了发表而写，而是为了回答一个真实的问题，当你真正关心一个问题时，写作就不再是负担，而是一种表达的需要。

几年后，张老师已经发表了多篇论文，甚至还主持了一个省级课题。他常常对年轻教师说：“写论文就像种树，别想着一夜长成参天大树，要先找到一颗种子，然后耐心地浇水施肥，总有一天它会开花结果的。”

这个案例告诉我们，论文写作的关键不在于技巧，而在于心态和方法。观察你的教学实践，找到真实的问题；查阅文献，明确研究的价值；设计研究，收集扎实的数据；搭建框架，逐步完善内容。当你把论文写作当成一种探索和表达的过程，而不是一场追逐发表的竞赛，你就会发现写作的路其实并不难走。

发表论文，首先是为了将自己的研究成果分享给全世界的同行。科研就像一场接力赛，每一位研究者都是其中的一员，我们的研究成果只有通过论文发表出来，才能让后续的研究者在我们的基础上继续探索，从而推动整个学科的发展。而且论文发表的数量和质量是衡量高校教师学术水平的重要指标，是职称评聘的硬指标，一篇优秀的论文能让你在学术圈里获得认可，树立自己的学术声誉。

论文是高校教师的学术名片，它承载着知识的传承与创新。每一次发表论文都是在学术的海洋中投下一颗石子，激起层层涟漪。它不仅记录了你的思考和发现，还为后来者提供了宝贵的参考。就像牛顿所说："我之所以看得远，是因为我站在巨人的肩膀上。"你的论文也许就是那双肩膀，让更多的学者能够站得更高、看得更远。论文是学术交流的桥梁，它跨越地域和时间，连接着不同领域的研究者。通过论文，你可以与世界各地的同行对话，分享你的见解，汲取他们的智慧。这种交流是学术进步的催化剂，它能够激发新的灵感，推动学科的发展。

七、专利申请：科技创新的法律保护

案例：从创意到财富

有一位教师，他的研究方向是新能源技术。在一次实验中，他发现了一种新的电池材料，具有更高的能量密度和更长的使用寿命。他意识到这是一个重要的发明，于是申请了专利。几年后，这项专利被一家大型企业购买，用于开发新一代的电动汽车电池，这不仅为他带来了丰厚的经济收益，还推动了整个新能源汽车行业的发展。他的名字也因这项专利而家喻户晓，成为学术界和产业界的明星。

专利是学术研究走向实践的桥梁。论文是思想的表达，而专利则是技术的保护。高校教师申请专利，不仅能保护自己的研究成果，还能为技术转化铺平道路。专利的价值在于它的独占性，它能让你的研究成果在市场中占据一席之地。对于高校教师来说，专利也是科研评价的重要指标之一，它能为你的职称评审增添砝码。

专利是高校教师智慧的结晶，是保护创新成果的盾牌。在知识经济时代，创新是推动社会发展的核心动力，而专利则是对创新成果最有效的保护。它赋予了发明人独占的权利，防止他人未经授权使用或复制，从而保障了创新者的利益。这种保护机制不仅激励了教师们积极投入科研创新，还促进了科技成果的转化和应用。专利是产业发展的加速器，许多高校教师的专利成果被企业转化为实际产品或技术，推动了产业升级和经济发展。通过专利，高校与企业之间建立了紧密的合作关系，实现了产学研的深度融合。这种合作模式不仅为高校带来了更多的科研资源，也为企业的技术创新提供了强大的动力。

八、软著登记：软件成果的权益维护

案例：数字时代的学术新宠

王博士是一位计算机科学专业的教师，他在教学中开发了一个用于编程教学的在线平台。起初，他只是将平台作为教学工具使用，但他后来发现这个平台受到了学生的广泛好评。于是，他申请了软件著作权，并将平台推广到其他高校，甚至开发了商业版本。这不仅提升了他的学术影响力，也使他获得了相应的授权费用。

在数字化时代，软件著作权正成为高校教师的重要学术成果形式。软著不仅是对软件开发者知识产权的保护，也是学术创新的体现。对于高校教师来说，软著的意义在于它能将教学与科研结合起来，推动教育信息化的发展。软著的价值不仅体现在学术评价中，更体现在它的实际应用中。

软著是数字时代的护盾，它保护了高校教师在软件开发、数字内容创作等领域的智力成果。在当今数字化的时代，软件和数字内容已经成为重要的生产资料和创新成果。软著为这些成果提供了法律保障，防止了他人未经授权的复制、传播和篡改，维护了创作者的合法权益。软著推动了技术的应用和创新。通过软著保护，高校教师可以更加放心地将自己的软件和数字内容推向市场，从而促进技术的广泛应用。同时，软著也为软件的进一步开发和升级提供了激励，推动了技术的不断进步。它鼓励教师们将更多的精力投入软件开发和数字内容创作，为社会提供更多的优质资源。

论文是学者立言的丰碑，专利是智慧落地的脚印，软著是教育生命的数字化永生。这三者构成当代高校教师的立体坐标系，X 轴指向学术深度，Y 轴衡量应用广度，Z 轴标记传承高度。当我们不再割裂地看待这些成果形式时，就会看见科研活动的完整图景，那是一场永不停歇的文明接力。

第四节　领航进阶：职称晋升副教授与行政职务副院长

案例：李老师的副教授之路

李老师是某高校的一名青年教师，博士毕业后进入学校工作已有 8 年。8 年间，他兢兢业业，几乎没有一天是闲着的。可连续两年冲副教授都没成功，这事儿搁谁身上都得有点受打击。带着满心的疑惑和失落，李老师拜访了学校里资历深厚的胡教授。胡教授是学校的资深教授，见多识广，听完李老师的倾诉后，他笑着说道："小李啊，你有没有听过一句话，努力不等于有效努力。你确实很努力，但你的努力方向可能出现了偏差。"

在胡教授的鼓励和指导下，李老师开始重新审视自己的职业发展规划。他决定继续在教学上深耕，报名参加省级以上教学竞赛，同时打算将科研工作做得有声有色，不仅在国内核心期刊和国外权威期刊上发表多篇论文，公开出版一本有影响力的教材，还积极申报省级教改和科研课题，同时在社会服务方面持续发力，鼓励学生参加学科竞赛，并在省赛和国赛中取得名次。

功夫不负有心人，经过几年的努力，李老师在各个方面都取得了显著的成果。近 5 年来，获学校年度教学质量考核优秀 4 次，所指导的学生毕业论文获省级优秀 1 项，积极报名参加省级教学竞赛并获奖，发表论文 4 篇，其中含教学研究论文 1 篇，有 2 篇发表在国内核心期刊上，1 篇被国外权威期刊收录，公开出版了学术著作 1 部，不仅自己中标了 1 项省级教改课题和 1 项科研课题，还指导学生参加大学生竞赛，获省级二等奖 2 项和国家级奖项 1 项。

当再次迎来副教授职称评审时，李老师已经做好了充分的准备。这一次，他凭借着出色的教学成绩和丰硕的科研成果，顺利通过了评审，成功晋升为副教授。

一、如何晋升为副教授

以湖北省为例，高校教师的职称评审实行分类评价机制，将副教授分为教学为主型、科研为主型、教学科研并重型、社会服务与推广型等 4 种，教师朋友们可以逐条参照自己所在学校最新下发的职称评审条件进行准备。

教学为主型副教授晋升案例：杨老师的副教授晋升记

凌晨 3 点的办公室，杨老师的电脑屏幕还在闪烁。她抿了一口凉透的咖啡，盯着刚被核心期刊录用的通知邮件，突然笑出声来，这已经是今年的第二篇了。10 年前那个站在讲台上腿抖的新手教师，大概想不到自己能踩着高跟鞋，在学术与教学的平衡木上走出优雅的舞步。

第一幕：站稳讲台的“笨功夫”。

“杨老师，您的高等数学课学生评分又进全校前 10%了！”教务秘书小陈递来教学质量考核表时，杨老师正在办公室里帮学生改建模竞赛的代码。她擦了擦白板笔的墨渍，想起了刚入职时被学生投诉“讲课像念

PPT”的狼狈。也就是从那年起，她给自己定下了3条铁律：每节课必有3个互动设计、每周必听2节名师课程、每个知识点必配3种生活案例。有一次为了讲透傅里叶变换，她甚至把儿子的电子琴搬进了教室，让数学公式随着音符跳动。当学生在评教系统写下“原来微积分是打开宇宙的钥匙”时，她才知道那些深夜对着镜子练讲课的时光终究化成了星火。

第二幕：科研突围的“太极术”。

“杨老师，您参与的省部级教改项目结题了！”科研处处长老张拍着厚厚一摞结题报告说道，此时杨老师正在指导青年教师修改教案。她总说：“教学是根，科研是叶，根深才能叶茂。”当年为凑够科研经费，她带着学生用数学建模帮食堂优化档口布局，2.9万元的横向课题成了撬动省级项目的支点。她独创的“三明治写作法”在学校里流传甚广，教学案例当面包，理论分析做夹心，实践数据是芝士。那篇被引用上百次的《基于OBE理念的“运筹学”课程教学改革与探索》，灵感就来自学生提交的咖啡店排队优化方案。“别嫌课题小，蝴蝶扇动的翅膀能掀起龙卷风。”她在教研会上总这么念叨。

第三幕：破茧成蝶的“平衡艺术”。

公示栏贴出副教授名单的那天下着雨，杨老师却觉得心里暖暖的。这5年她像是精密运行的算法，280学时的课堂是主程序，4篇论文是子函数，教改项目是调试代码。有一次女儿发烧时她还在一旁修改学生论文，丈夫半开玩笑地说道：“你这班主任当得，家里倒像学生宿舍。”

杨老师始终记得老教授的话：“教育不是单向灌输，是双向奔赴的成长。”带领学生拿到全国数学建模一等奖的那晚，学生们把奖杯塞给她说：“这是给您孩子的玩具。”她突然红了眼眶，原来那些熬过的夜、改过的稿、磨过的课，早就在年轻生命里长成了树。

窗外的玉兰花又开了，杨老师抚摸着刚刚收到的副教授证书，在备课本上写下：“真正的晋升，不是头衔变化，而是看见更多星辰从学生眼中升起。”

科研为主型副教授晋升案例：叶老师的副教授晋升之路

在高校的象牙塔内，叶老师如同一颗深埋沃土的种子，将对科研的渴求化作破土而出的力量。让我们跟随叶老师的职业轨迹，探索他是如何一步步攀登至副教授高峰的。

初入教坛时，叶老师如同一位初出茅庐的剑客，虽略显稚嫩，却已在心中种下深耕科研的种子。他知道，要想在学术的江湖中立足，必须不断提升自己的专业能力。于是，他开始了为期 5 年的修炼之旅。他系统承担了一门公共课和两门专业课程的讲授工作，近 3 年未发生过教学事故，完成了学校规定的教学、科研等工作任务。他的课堂如同一场场精彩的剑术表演，吸引了无数学子的目光。

叶老师的年均教学工作量不少于 200 学时，其中课堂教学工作量不少于 120 学时。他的剑，不仅快，而且准，每一堂课都能够精准地击中学生的知识盲点。近 5 年来，他获得学校学期教学质量考核优秀 2 次以上。这些成绩如同他剑下的战绩，一次次证明了他的实力。

在指导学生和教育管理方面，叶老师也有着不俗的表现。他有 1 年以上的学生教育管理（班主任）工作经历，且协助指导过研究生。他的剑，不仅为自己而舞，也为后来者指引方向。

叶老师的业绩与科研成果同样令人瞩目。他主持完成了厅级科研项目 1 项，并获得了省级奖励。他的剑，不仅锋利，而且有着深远的影响力。

在科研项目到账经费方面，叶老师也达到了标准。作为理工科类教师的他，近 5 年主持或参与的科研项目累计到账经费 4.9 万元以上。他的剑，不仅快，而且有力，每一次挥剑都能带来丰厚的回报。

叶老师的论文、著作条件也符合要求。他在国内核心期刊上发表学术论文 3 篇，公开出版学术著作 1 部。他的剑，不仅锋利，而且留下了深刻的痕迹。

叶老师的故事是一本关于坚持与奋斗的修炼手册，他的每一步都凝聚着汗水与智慧。他的故事告诉我们：在高校的江湖中，唯有不断修炼，才能攀登至更高的山峰。

教学科研并重型副教授晋升案例：赵老师的 6 年副教授破茧之路

凌晨 2 点的实验室里，赵老师揉了揉酸胀的太阳穴，电脑屏幕上跳动的数据仿佛在嘲笑他的执拗。这是他担任讲师的第五年，窗外的梧桐叶黄了又绿，他带的第一届本科生早已毕业。此刻，手机里弹出的新邮件让他心跳加速——省级青年基金项目立项通知。他忽然想起导师当年的话："学术道路没有捷径，但每一步都算数。"

锚定方向：从"杂家"到"专家"的蜕变。

赵老师初入职场时就像一只忙碌的蜜蜂，跨学科课程、各类横向课题，来者不拒。直到某次学术论坛，一位资深教授点评了他的论文："选题像撒胡椒面，缺了学术筋骨。"这句话如一盆冷水浇醒了他。于是，他开始用"三象限法则"梳理自己的职业发展方向——横向课题养团队，纵向课题树品牌，教学实践育根基。

3 年的沉淀后，他在新能源材料领域形成了独特的研究视角，连续两年受邀在国际会议上作报告。"做学问要像打井，选准点位后就持续深挖。"他在工作笔记本的扉页上写道。

教学炼金术：教学里的匠心。

"赵老师的课就像侦探小说，总在最后一刻才揭开谜底。"学生评教栏里的这句话被他抄下来，贴在了办公室。他独创的"问题链教学法"，即每节课设置 3 个环环相扣的悬念，让学生带着问号进场、带着叹号离场，使他的材料物理课程连续 3 年入选了"最受学生欢迎课程"。

此外，他还坚持做"教学实验日志"，红色标注失败的课堂设计，绿色标记灵光乍现的互动。6 年的坚持，让他躲过了青年教师常踩的"科研教学失衡陷阱"。

科研破局：从单兵作战到军团作战。

当省级项目第三次被毙时，他意识到了闭门造车的局限。转而组建跨校研究团队，将企业工程师、数据分析师纳入课题组。这种“产业＋学术”的混编模式，不仅让科研经费提前半年达标，更催生出了3项实用新型专利。

“别怕给别人做嫁衣。”他在团队建设会上说，“当你的名字成为学术信誉的代名词时，合作者自然会带着资源找到你。”果然，某次行业峰会茶歇时，他关于纳米涂层技术的即兴发言意外敲开了与龙头企业合作的大门。

育人修行：班主任日志里的温度。

“赵老师，我能申请去您的实验室擦试管吗?”那个总缩在教室后排的男生怯生生地问道。担任班主任期间，他推行“学术生涯画像计划”，为每个学生建立能力雷达图，用绿色标注优势区，红色标记待开发区。

两年后，当他收到学生从国外某大学研究生学院发来的感谢信时，他忽然明白了教育的本质是点燃火种，而非填满容器。这段经历不仅成就了他“全省优秀班主任”的荣誉，更让他领悟到管理不是权力的游戏，而是共情的艺术。

终极一跃：五年磨一剑的哲学。

第六年春天，当网站上公示副教授晋升名单时，赵老师想起了那个雨夜。为了修改课题基金申报书，他在办公室通宵煮泡面，晨光中，键盘上的水汽凝成了冰晶。此刻，他提交的4篇核心期刊论文、1部学术专著和省级教学成果奖证书，在评审的桌子上无声述说着光阴的故事。

“很多人问我秘诀。”在新教师培训会上他微笑着说道：“其实不过是把‘要达标’变成‘要突破’。当你专注于超越昨天的自己时，职称只是水到渠成的副产品。”

社会服务与推广型副教授晋升案例：王老师破茧成蝶晋升副教授

六月的梧桐树下，王老师抱着教案匆匆穿过教学楼时，突然被宣传栏里新贴的职称评审通知吸引了。她盯着“副教授申报条件”几个字，喉头微微发紧。这是她博士毕业后入职的第八年，也是第三次冲击这道关卡。

晨光透过树叶斑驳地洒在教案上，那些熟悉的条款突然鲜活起来。

“真正的科研不是单打独斗的苦修，而是产教融合的交响乐。”

王老师永远记得3年前那个暴雨夜，她攥着被企业退回的横向课题方案，在实验室通宵重构思路。后来，她带着学生钻进汽车制造车间，把噪声控制算法直接植入生产线，不仅拿下了120万元的横向经费，更让车间效率提升了17%。如今，她的技术转化成果已创造了800万元产值，企业送来的锦旗在学院走廊闪着微光。她突然明白：象牙塔里的论文要长出双脚，才能走出期刊，走向人间。

“教书是一棵会开花的树，每节课都应该结出思想的果实。”

每周三早上8点的智能系统设计课，王老师总比学生早到半小时。她把企业案例拆解成模块化教案，让学生用课堂答辩替代传统考试。有一次流感季，她准备发着高烧坚持上课，却在走廊被学生拦下：“老师，您的课我们自学了慕课，今天该换我们来Presentation。”这份双向奔赴的默契，让她的教学质量评分连续3年飘红。64学时的年课时量不再是负担，倒像春蚕编织的茧房。

“教育的真谛是用一个人的灯芯拨亮千万盏灯。”

当王老师在深夜收到青年教师小周的教学方案修改意见请求时，她总会放下手头工作，打开视频会议。两年间，她带教的3位新教师已有两人获得了教学竞赛奖，指导的研究生在顶级会议发表的论文扉页都会写上“致谢王老师”。那些被学生称为“王妈”的日子，那些在实验室通宵改代码的寒暑假，都在职称材料里化作沉甸甸的指导经历证明。

在准备材料的最后阶段，王老师将4篇核心论文与2篇SCI收录文献装订成册时，突然发现其中3篇都是与带教学生共同署名的。她想起院长说过的话：“不要做孤独的登山者，要当造梯人。”此刻，窗外的晚霞正把图书馆的玻璃幕墙染成了琥珀色，像极了她带着学生在企业车间看到的电焊火花。

当公示名单出现在官网的那晚，王老师正在给本科生修改毕业设计。

同事问她晋升的秘诀，她笑着说道："真正的成长是把每个条件都活成立体的故事。"屏幕蓝光映着她的脸庞，这个曾经为职称而失眠的姑娘终于懂得了那些看似冰冷的条款，不过是岁月给奋斗者的温柔刻度。

二、高校教师职称三维进阶模型

第一阶段：政策解码与规则图谱绘制。

如同航海者需要熟识洋流与季风一样，我建议高校教师朋友们首先向学校的人力资源部门咨询自己所在高校的职称评审政策，是高校拥有自主职称评审权，还是由主管的省人力资源和社会保障厅评审，以及每年的评审条件（办法）政策文件何时下发，并向学校的人力资源部门获取最新的《教师专业技术职务评审办法》等政策红头文件。

第二阶段：超前布局与精准对标。

个人学术原始积累应遵循"提前两季播种"的智慧法则。当获取到最新的职称评审细则后，需以严谨的态度进行要件拆解，将教学、科研、社会服务等维度指标转化为可量化的行动指南，比如讲师若计划 5 年后申报副高职称，此刻便应启动核心期刊论文的周期规划。

第三阶段：安全边际与比较优势构建。

在准备达标性条件的基础上，建议构建 20％至 30％的学术安全边际。这种智慧型冗余设计暗合了经济学中的风险对冲原理。例如，如果评审条件要求发表 2 篇核心论文，则应实际准备发表 3 篇；如果规定主持完成省部级课题 1 项，则应力争主持完成 2 项。这种策略不仅为突发变量预留了缓冲空间，更可以在学术马拉松中形成差异化竞争优势。横向经费积累可借鉴"蓄水池"理论，将基本指标视作水位警戒线，实际储备则需突破阈值。例如，如果要求横向经费到账 3.9 万元，那么你就应该准备横向经费到账 5 万元。

上述的三维进阶模型蕴含着学术生涯规划的深层智慧，即制度认知是基础工程，过程管理是核心枢纽，战略冗余是决胜关键。当高校教师朋友们以工程思维解构职称晋升密码时，便能在合规性框架内实现学术价值的最大化呈现。请你记住，真正的学术精进永远始于制度遵循，终于价值超越，这或许才是职称晋升给予当代学人的终极启示。

三、担任学院副院长二三事

案例：从“教书匠”到“管理者”的蜕变

张教授从未想过自己会成为学院的副院长，作为一名高校教师，他一直以“教书匠”自居，专注于课堂教学和学术研究。他喜欢站在讲台上，面对学生的目光，讲解那些他热爱的专业知识。他的学生对他评价很高，他的科研也做得不错，但他从未觉得自己适合管理岗位。直到有一天，学院院长找到他，说道：“张老师，我们需要一个既懂教学又懂科研的人来担任副院长，你是最合适的人选。”张教授听后的第一反应是拒绝。他觉得自己不擅长管理，也不想被行政事务拖累。但院长的一句话让他陷入了沉思：“你不觉得管理也是一种教育吗？只是对象从学生变成了教师和团队。”这句话像一颗种子，悄悄在张教授的心里生根发芽。他开始思考，或许管理并不是他想象中的琐碎事务，而是一种更高层次的教育实践。

初入管理世界的迷茫与挑战。

担任副院长的职位后，张教授很快发现，管理世界和他熟悉的学术世界完全不同。第一次主持学院的教学工作会议时，他准备了一份详尽的PPT，满怀信心地讲解学院的教学改革计划。然而会议结束后，他发现大家的反应并不热烈，甚至有些冷淡。几位资深教师私下议论：“张教授讲得是挺好，但这些方案能落地吗？我们基层老师的实际困难他考虑过吗？”张教授这才意识到，管理不仅仅是提出方案，更重要的是倾听和协调。他开始主动走进教师的办公室，和他们聊一聊教学中的难题；他也会在课间走进教室转转，看一看学生的学习状态。他发现，很多教师对教学改革并非不支持，而是担心自己的工作量增加，或者缺乏具体的操作指导。于是，他调整了自己的工作方式，不再一味强调顶层设计，而是从教师的实际需求出发，逐步推进改革。

从发号施令到赋能团队。

有一次，学院要组织一场大型的教学比赛，张教授负责统筹安排。他习惯性地制定了详细的任务分工表，把每个人的职责都写得清清楚楚。然而，在比赛筹备过程中，他发现团队的执行力并不强，很多人对自己的任务并不上心。张教授感到很沮丧，甚至有些生气。他忍不住在一次会议上说道："大家能不能更主动一点？这可是学院的大事！"

会后，一位年轻教师悄悄地对他说："张院长，其实我们不是不想做好，而是觉得这些任务都是您定的，我们只是执行，没什么参与感。"这句话让张教授如梦初醒。他意识到，管理不是简单的发号施令，而是要让团队成员感受到自己的价值和意义。他开始改变策略，在布置任务前，先和团队成员一起讨论目标和方案，听取他们的意见。在比赛筹备的后期，他甚至把一些关键决策交给团队去做，自己只负责提供支持和资源。结果，这场比赛不仅办得非常成功，团队的凝聚力也大大增强。

张教授总结道："管理的本质不是控制，而是赋能。一个好的管理者，不是让团队围着自己转，而是让每个人都能找到自己的位置，发挥自己的优势。"

平衡教学、科研与管理的艺术。

担任副院长后，张教授最大的挑战之一是如何平衡教学、科研和管理的时间。他发现，管理工作往往是碎片化的，随时可能被各种突发事件打断，而教学和科研则需要保持长时间的专注，中途的打搅会扰乱思路。他曾经试图用加班来解决这个问题，但他很快就发现这种方式不仅让他身心俱疲，还影响了家庭生活。

后来，他学会了时间管理的三重奏，即优先级、授权和专注。他每天早上都会列一张清单，把最重要的事情排在前面。对于一些可以交给他人的任务，他会毫不犹豫地授权。而在需要专注的时间段，他会关闭手机和邮件提醒，全身心地投入教学或科研中。他还制定了一个家庭时间表，每周至少抽出两个晚上陪伴家人，无论多忙都不打折扣。

张教授总结道："时间管理的核心不是做更多的事，而是做更重要的事。只有学会取舍，才能在多重角色中找到平衡。"

从个人英雄到团队领袖。

几年后，张教授已经从一个管理新手成长为学院的核心领导者。他不再把自己当成一个孤胆英雄，而是学会了依靠团队的力量。他常说："一个人的能力再强，也不可能解决所有问题。真正的领导力不是让别人追随你，而是让大家一起奔向共同的目标。"

在他的带领下，学院的教学质量稳步提升，科研成果也屡创佳绩。更重要的是，学院的教师团队变得更加团结和有活力。张教授颇有感触地说道："管理是一门艺术，也是一种修行。它让我学会了倾听、包容和信任，也让我看到了更广阔的世界。"

通过这段经历，张教授不仅完成了从"教书匠"到"管理者"的蜕变，也为自己的人生打开了一扇新的窗。他用自己的故事告诉我们：高校"双肩挑"的管理岗是另一种形式的成长，只要你愿意迈出第一步，未来的风景一定会超乎你的想象。

二级学院副院长的角色不是"二把手"的简单延伸，而是一个独立而重要的岗位。副院长需要在学院整体发展中找到自己的位置，既要有全局观，又要有执行力。你不是院长的"影子"，而是学院管理团队中不可或缺的一环。明确自己的职责范围，找到自己的核心价值，是做好副院长的第一步。

（一）明确分工

主动与院长沟通，明确自己的职责范围，避免角色重叠或模糊，具体职责包括以下几个方面。

1. 教学管理

负责教学计划的制订与执行、教学质量的监督与评估、实践教学环节的组织与管理等。

2. 科研管理

推动学科建设、组织科研项目的申报与实施、促进科研成果转化等。

3. 行政管理

处理学院的日常行政事务，包括人力资源管理、财务管理、资源调配等。

4. 学科与专业建设

参与学科规划、专业设置与调整、课程体系建设等工作。

（二）树立服务意识

学院副院长的工作核心是服务，服务于学院发展，服务于教师成长，服务于学生需求。“管理的本质是服务，服务的核心是成就他人。”当你帮助学院发展、成就师生时，其实你也在成就自己。

（三）保持全局观念

作为副院长，要站在学院整体发展的高度思考问题，不能局限于自己的分管领域。不仅要关注自己的教学和科研，还要关心学院的发展，比如学科建设、人才引进、经费分配等。这就要求副院长对学校的政策、教育的发展趋势有深入的了解。可以多参加学校的培训活动，甚至去教育行政部门挂职锻炼，开阔视野。

（四）管理的艺术

在管理工作中，情商比智商更重要。可以从一些小的行政事务做起，比如组织学院会议、协调教学安排、参与学院的各项活动等。

面对繁杂的行政事务和繁重的教研考核压力，要学会在教研业务和管理工作中找到平衡，找到自己的节奏。

剧场：风院长的管理故事

“风院长，您这个国际化的课程改革方案，考虑过咱们50岁以上的老师怎么适应吗？”李教授摘下老花镜往会议桌上一搁，金属镜架与实木桌面碰撞的脆响，让原本喧闹的会议室瞬间安静。

这是风院长担任文学院副院长的第七天。留学10年，担任国外某高校终身教授，近些年才载誉归国的他，怎么也没想到自己精心准备的改革方案，会在第一次全院教学大会上遭遇如此直白的质疑。投影幕布上的PPT还停留在“全球视野下的中文教育创新”页面，冷白的光打在他新买的深灰色西装上，映出些微汗湿的痕迹。

那晚他在办公室待到凌晨3点。窗前的老槐树沙沙作响，案头摊着写满批注的《高等教育管理学》。“管理不是非黑即白的学术论证，而是灰度空间的动态平衡。”扉页上的钢笔字还洇着新墨，这是他今天刚从老院长那里悟得的真经。

转折发生在次月的实验室分配风波中。两位副教授为新建的数字化教学实验室使用权争执不下，风院长带着刚读完的《非暴力沟通》走进了气氛紧张的会议室。“王老师带的创新团队需要设备测试新教案，陈教授负责的精品课要录制示范视频……”他在白板上画出时间轴，“我们可以参照医院手术室的预约系统，开发线上智能调度平台。”这个灵光乍现的解决方案后来发展成全校推广的“教学资源云管家”系统。风院长开始明白，学术理想需要用管理智慧护航。他开始在日程本上用红笔标注“管理修炼时刻”：每周四下午的咖啡时间，带着手工甜点走访各教研室；为每位青年教师建立成长档案，记录他们的学术兴趣与生活困扰；甚至悄悄报了个戏剧表演工作坊，只为改掉自己开会时下意识转笔的小动作。

2024年春天，当文学院成功申报省级教学创新团队时，风院长正在给新入职的教师做岗前培训。投影仪的光束里浮动着细小的尘埃，他指着自己设计的“三明治沟通模型”示意图说道：“批评要像三明治，把建设性意见夹在两片认可的面包中间。上周我用这个方法和李教授讨论他的古汉语教学改革，李教授最后主动提出要开展混合式课堂教学。”

窗外的玉兰花开得正好，粉白花瓣落在青年教师们的笔记本上。风院长忽然想起3年前那个狼狈的初秋清晨，现在他依旧每天带着那个深褐色牛皮笔记本，只是在扉页添了行新的注脚："管理者的最高境界是让每个灵魂都找到绽放的舞台。"

任期届满前夜，风院长在办公室整理出 12 本工作手札。月光透过百叶窗在地板上显现出银色的琴键，他正在撰写《教学管理者进阶指南》的最后一章："真正的领导力不在于你任职期间获得多少奖项，而在于离开时是否培养出合格的继任者。"光标在屏幕上闪烁，文档里详细记录着他为 3 位青年骨干教师量身定制的培养方案，其中那位曾被他用"三明治沟通法"指导过的博士，如今已经能够从容地主持全院教学评估会议。

晨光熹微时，风院长关掉台灯。办公桌玻璃板下压着的便笺被映成了暖金色，那是他 3 年前写下的自我告诫："从学者到管理者，不是戴上新的头衔，而是长出新的生命维度。"

第五章　长期超越：立“大先生”与院士之志

案例：学术人生多选题

郑教授在咖啡馆里望着自己昔日的学生小王副教授说道：“你现在的状态像极了20年前的我，在职业发展的迷雾里，最怕把4条路看成单选题，其实它们是不同季节的风景。”

满面倦容的小王疑惑地问道：“4条路？”

郑教授微笑着说道：“你看窗外那棵枫树，根系要深扎土壤（晋升教授），枝干要撑起绿荫（学院院长），花果要滋养生灵（“大先生”），最后才能长成地标性的古木（院士）。但别急着幻想百年后的模样，要先看看眼前哪片土壤最适合生根。晋升教授这条道儿，是学术生命的自然生长。真正的学术沉淀就像腌泡菜一样，时间不够就酸涩，火候到了自然醇香。我见过最聪明的老师，是严格按照学校的职称评审条件做了一份五年规划。学院院长这条路要修炼的是‘学术园丁’的本事，既要看得懂实验数据，也要读得懂人心账簿。下次教研会你试试主动协调跨学科项目，那可比写论文更能检验管理天赋。”

说到“大先生”，郑教授的眼神中透露出一丝敬仰，他说道：“我总想起已故的周老先生，去年校庆，他的学生在纪念视频里说先生教他们写论文时，总要先问这项研究能让菜市场大妈的孩子生活得更好吗？这种境界需要把实验室搬进人间烟火里。院士就像攀登珠峰，需要天时地利人和。材料学院的张院士团队，20年专注新能源电池，将其做到了业内极致。你昨天提到的那个项目，如果能解决柔性电极量产难题，可能比发10篇顶刊都更有穿透力。你不仅能推动学科的前沿发展，还能为国家和社会解决重大问题。如果选择这条路，你就需要有十年磨一剑的毅力，也需要有为天地立心、为生民立命的情怀。”

小王的双眼开始变得清澈明亮，他问道：“那我该怎么选?”

郑教授拍了拍小王的肩膀，说道：“看看你电脑里被搁置的教改方案，实验室里未完成的实验项目，还有企业咨询的技术难题，这些碎片会自己拼出答案。就像量子纠缠，当你开始行动，选择自然会显现。”

最后，郑教授语重心长地说道：“学术大楼要一层一层地盖，别总想着在二楼搭天台，先做5年扎实的副教授，让时间帮你筛选真正热爱的方向。”

第一节　教学名师：国家级教学比赛与国家级教研课题

案例：许教授从平凡到卓越的教学名师成长之路

许教授的成长故事是无数高校教师奋斗历程的缩影，也是对“教学名师”这一称号的生动诠释。

比赛磨砺，成就教学传奇。

许教授代表全省参加全国高校青年教师教学大赛，面对众多985、211高校的优秀选手，他凭借扎实的教学功底和创新的教学设计，最终以总成绩第一名获得理科组一等奖。这次比赛不仅是对许教授教学能力的肯定，更是他职业生涯的一个重要转折点。

此后，许教授并未停下脚步。几年后，他再次参加全国高校教师教学创新大赛，斩获正高组一等奖。他成为现阶段高校教师中唯一一位同时获得这两项国家级最高水平教学赛事一等奖的教师。这些荣誉的背后，是他对教学的不懈追求和对创新的执着探索。

课题深耕，探索教学前沿。

许教授深知，教学比赛只是提升教学能力的一个方面，而教研课题才是深入探索教学规律、推动教学改革的核心。他长期致力于信息技术与学科教学融合创新的研究，主持了多项省部级教学改革项目。他连续两届以第一完成人获得省高等教育教学成果奖一等奖。

他的研究成果不仅在学术界引起广泛关注，更在教学实践中得到广泛应用。他负责的课程先后获得教育部首批国家级一流本科课程认定，并入选省高校课程思政示范课程。

传承与辐射，点亮更多教师。

许教授的成长之路不仅成就了自己，更照亮了他人。他长期指导省内外教师和学生参与各类教学比赛，成绩斐然。他指导的教师多次获得全国高校青年教师教学竞赛一等奖和全国高校教师教学创新大赛一等奖。他还多次受邀在省内外高校做专题讲座，分享教学创新经验。

许教授成立了劳模创新工作室和省劳模与工匠创新工作室，依托这些平台，他将教学创新的理念和方法推广到了更多学校。

案例中许教授的故事告诉我们，要想成为一名教学名师，就需要在教学比赛中磨砺技艺，在教研课题中深耕智慧。比赛是提升教学能力的试炼场，课题是探索教学规律的深水区，两者相辅相成，缺一不可。

同时，许教授的经历也启示我们，教学不仅是知识的传授，更是灵魂的触碰。许教授始终将立德树人贯穿于教学全过程，用爱心和耐心培养学生的品德和能力。正是这种对教育的热爱和对学生的关怀，才让他在教学的道路上越走越远。

最后，许教授的故事还告诉我们，教学名师的成长离不开团队的支持和传承的力量。许教授通过劳模工作室和讲座等形式，将自己的经验和智慧传递给更多教师，形成了良好的教学传承生态。这种传承与辐射不仅提升了教师个体的教学能力，也为整个教育事业的发展注入了强大动力。

案例中许教授的成长之路是一条从平凡到卓越的奋斗之路，也是一条充满智慧与情怀的教育之路，他的故事值得每一位高校教师学习和借鉴。

一、教学名师之路：国家级教学比赛中的卓越表现

教学比赛就像一场精心设计的教学大考，它逼迫你走出舒适区。在这个舞台上，你面对的不仅是同行里的高手，更是自己内心的恐惧和不足。每一次备赛都是对教学理念的深度挖掘，对教学方法的大胆创新，对教学内容的精雕细琢。当你站在聚光灯下，所有的紧张和期待汇聚成一种力量，助推你把最好的自己展现出来。无论成败，比赛结果都是一面镜子，可以让你清晰地看到自己的优势与短板。请你记住，比赛不是终点，而是成长的起点，它可以为你的教学之路点亮一盏明灯，照亮前行的方向。

国家级教学比赛之所以备受关注，不仅仅是因为它的高规格和权威性，更重要的是它为教师提供了一个难得的学习和成长平台。在比赛中，教师们可以与来自全国各地的优秀同行交流切磋，了解最新的教学理念和方法，拓宽自己的教学视野。同时，比赛的过程也是一个自我反思和提升的过程。为了在比赛中取得好成绩，教师们需要对自己的教学进行全面、深入的审视和改进，这无疑有助于他们发现自己的不足之处，不断完善自己的教学体系。此外，比赛的成功还能够为教师带来荣誉和资源，为他们的职业发展创造更多的机会。

教学比赛从来不是炫技的舞台，某位连续担任 3 届国赛评委的资深教授曾说："真正打动人的教学设计，都藏着教师对学科本质的深刻理解。"就像烹饪比赛，食材的珍贵程度远不如厨师对火候的把握。

二、教学名师之路：国家级教研课题的深度研究

案例：从课堂到课题的蜕变

张老师是一位资深副教授，教学经验丰富，但他总觉得自己的课堂缺

乏深度和系统性，导致课堂教学缺乏理论支撑，无法从更高的视角看待课堂问题。他的导师建议他申报一个国家级教改课题。起初，张老师对课题申报感到无从下手，申报书里密密麻麻的文献综述和理论框架也一直未能打动评委。直到有一次，他在教学中发现，学生对某些抽象概念的理解总是存在困难。他决定以此作为切入点，研究如何通过可视化教学工具提升学生的理解能力，并据此申报一项国家级教研课题。这个真实的教学问题最终帮助他的课题成功立项。在课题研究的过程中，张老师不仅深入了解了学生的学习规律，还逐渐掌握了教育研究的方法论，并开发了一套创新的教学方法。这套教学方法不仅在他的课堂上取得了显著成效，还被推广到了其他高校，受到了广泛好评。最终，张老师凭借这项课题研究荣获了国家级教学成果奖，成为名副其实的教学名师。更重要的是，这次课题研究让他从一名教书匠转型为一名教育研究者，他的教学也因此焕发了新的活力。

课题是教学的思想引擎。教研课题就像一座知识宝藏，能让你从日常教学的琐碎事务中跳出来，站在更高的视角审视教学。教学中的许多问题看似平常，实则蕴含着深刻的教育规律。当你把这些问题转化为课题，进行深入研究时，你会发现教学的世界如此广阔，充满了很多未知和挑战。课题研究的过程就是不断探索、不断突破的过程，它能让你打破传统的教学思维定式，引入新的教育理念和方法，为教学注入新的活力。就像案例中的张老师，通过课题研究，他不仅解决了教学中的实际问题，还提升了自己对教学本质的理解，实现了从经验型教师到研究型教师的华丽转身。请你记住，课题不是负担，而是提升教学智慧的加速器，它能让你在教学的海洋中驶向更深处，发现更美的风景。

教研课题不是科研的附属品，而是教学的助推器，它能让你从教书匠变成教育家，从单纯的知识传递者变成教学规律的探索者。课题研究的过程是一次教学理念的升华，是一次教学方法的创新。通过课题研究，你会发现教学不仅是一门艺术，更是一门科学。例如，教大学英语的王老师一直苦恼学生的口语水平提升慢，在参与了“多元互动式口语教学法”课题研究后，他发现原来教学里藏着大学问。于是，他不再只是凭经验授课，而是基于科学的数据和理论来调整教学策略。通过设计情景模拟、小组辩论等活动，学生的口语表达日益变得流利和自信。王老师对此很是感慨，教学是艺术，要用热情点燃学生，教学更是科学，只有依照规律进行教学设计才能更高效。课题研究让王老师打开了教学新视野，找到了教学的艺术与科学密码。

国家级教研课题是教育研究领域的重要项目，它代表着教育研究的前沿水平和发展方向。参与国家级教研课题的研究，对于高校教师来说具有多方面的重要意义。首先，教研课题能够为教师提供一个深入研究教育问题的平台，帮助他们提高自己的科研能力和学术水平。通过课题研究，教师们可以深入了解教育领域的最新动态和研究成果，掌握科学的研究方法和技术，培养自己的创新思维和解决问题的能力。其次，教研课题的研究成果能够为教学实践提供理论支持和指导，有助于教师改进教学方法，提高教学质量。最后，教研课题的成功立项和研究成果的取得，还能够为教师评定职称添砖加瓦。

第二节　科研领军：国家级科研课题与社会服务

案例：为天地立心，为生民立命

一次偶然的机会，在高校工作的李老师在参加学术研讨会时听到了关于国家社科基金项目的介绍。专家们分享的研究成果为解决社会问题提供了切实可行的方案，这让李老师深受触动。他意识到，国家社科基金的项目研究不仅仅是一项学术任务，更是一次为国家和社会贡献力量的宝贵机会。

李老师所在的地区，随着经济的快速发展，人口老龄化问题日益凸显。老年人的养老问题成了社会关注的焦点。看到身边许多老人孤独寂寞，缺乏有效的养老保障和精神关怀，李老师决定以此为切入点，开展国家社科基金研究。他想通过自己的努力，为解决这一社会问题提供一些有价值的思路和方法。

然而，研究的道路并非一帆风顺。在项目申报初期，李老师就遇到了重重困难。先是他对申报流程不熟悉，再是他的研究方案不够完善。但他没有放弃，而是积极向有经验的前辈请教，查阅大量的文献资料，不断修改和完善自己的申报材料。在这个过程中，李老师深刻体会到了世上无难事、只怕有心人的道理。只要有坚定的信念和不懈的努力，就没有克服不了的困难。

功夫不负有心人，李老师的项目终于成功立项。这让他既兴奋又紧张，兴奋的是自己的努力得到了认可，紧张的是接下来的研究任务将更加艰巨。为了深入了解老年人的实际需求，李老师带领团队深入社区、养老院等地，与老年人进行面对面的交流。他们倾听老人们的心声，记录下他们的生活状况和面临的问题。在这个过程中，李老师亲眼看到了老人们的艰辛与不易，也更加坚定了他要为老人们解决实际问题的决心。

经过一段时间的调研，李老师发现现有的养老模式存在诸多不足之处。传统的家庭养老模式，由于子女工作繁忙，无法给予老人足够的照顾。而养老院的服务质量参差不齐，很多老人在那里无法得到应有的尊重和关爱。针对这些问题，李老师提出了社区嵌入式养老的新模式。这种模式将养老服务嵌入社区中，让老人在熟悉的环境中安度晚年。同时整合社区资源，为老人提供全方位的服务，包括医疗保健、文化娱乐、心理疏导等。

为了验证这一模式的可行性，李老师在几个社区进行了试点。他与社区工作人员密切合作，建立了社区养老服务中心，配备了专业的服务人员和设施设备。在试点过程中，李老师不断调整和完善方案，根据老人们的反馈意见及时改进服务。经过一段时间的运行，试点社区老人们的生活质量得到了显著提高，他们的脸上洋溢着幸福的笑容。

李老师的研究成果得到了社会的广泛关注和认可，他的研究报告为政府制定养老政策提供了重要的参考依据，一些地方政府甚至借鉴他的养老模式，并推广实施。看到自己的研究成果能够为社会带来实实在在的改变，李老师感到无比的自豪和满足。他深知自己的努力没有白费，终于为国家和社会的发展贡献了自己的一份力量。

回顾这段研究历程，李老师感慨万千，他说："国家社科基金研究让我找到了自己的价值所在，它不仅提升了我的学术水平，更让我学会了关注社会问题，为解决生活中的实际问题贡献了自己的智慧和力量。作为一名高校教师，我们不能仅仅局限于课堂教学和学术研究，更要将自己的所学所思应用到社会实践中，为国家和社会的发展贡献自己的一份力量。"

一、科研课题攻关：国家级科研课题的创新

国家社科基金的申报不是单纯的学术表达，而是一场与国家需求的对话。选题是申报的灵魂，选题的好坏直接决定了课题的命运。国家社科基金的评审者更关注的是你的研究是否切中了国家的痛点，是否能够为社会发展提供解决方案。宽泛的选题容易让人觉得你想得多、做得少，而过于狭窄的选题又可能让人觉得你钻牛角尖儿、缺乏意义。因此，选题必须在学术价值和现实意义之间找到平衡点。国家社科基金更看重理论创新与社会价值的双螺旋结构，申报书就是写给时代的学术情书。

国家社科基金就像是人文社科领域的灯塔，照亮了学术研究的方向。申报指南每年都在变化，但万变不离其宗，其始终围绕着国家重大战略需求、社会热点问题及学科前沿领域展开。教师们要仔细研究申报指南，找到自己的研究方向与国家需求的交汇点。就像案例中的李老师，他没有盲目跟风热门话题，而是从自己熟悉的居民养老问题入手，挖掘出了一个既有学术价值又能满足现实需求的选题。请你记住，选题的"小"并不可

怕，关键是要“小题大做”。通过深入挖掘，让研究在特定领域“深挖一口井”，而不是“浅尝辄止”。

教学和科研并不是对立面，而是共生体，教学能促进科研，科研则可以反哺教学。例如，贺老师在研究国家社科基金课题“文化遗产活化研究”的过程中，深入走访地方文化遗址，与当地文化传承人深入交流，然后将这些鲜活的素材融入课堂教学中，不仅让学生们对专业知识有了更深刻的理解，还激发了他们对本土文化的热爱，这正是教研相长的生动诠释。又例如，刘老师在教学过程中发现学生对某个概念总是学得很吃力，于是她运用全国教育科学规划课题“利用科学记忆方法高效记忆学科知识的实践研究”中的研究成果，设计了 3 种不同的教学方法，即案例分析、小组讨论和图表演示。课后，她用问卷和测试数据分析教学效果，结果发现图表演示的记忆率最高。刘老师意识到，教学不是凭感觉，而是可以像科研一样，通过实验和数据找到最优解。教学的艺术在于灵感，科学的严谨在于验证。只有用科学的方法打磨教学艺术的表达，才能让课堂既有温度，又有精度。

案例：那位“追光”的高校教师

刚入职高校时，林老师就被国家自然科学基金的魅力所吸引。他深知，国家自然科学基金旨在支持基础研究，坚持自由探索，发挥导向作用，为解决国家重大战略需求和重大科学前沿问题提供关键的科学支撑，而这也正是他内心深处的追求。于是，他暗下决心，一定要在国家自然科学基金研究项目上有所突破。

在有了一定学术积累并评上副教授后，林老师准备全力向国家自然科学基金冲刺。林老师所在的领域有一个长期困扰学界的重大科学前沿问题，即如何提高新能源材料的转化效率，以应对日益严峻的能源危机。这一问题不仅关乎科学技术的进步，更与国家的能源安全和可持续发展息息相关，是国家重大战略需求的关键一环。林老师敏锐地察觉到这是一个极具研究价值的课题，一旦取得突破，将对整个行业产生深远的影响。

然而，研究之路并非一帆风顺。在最初申请国家自然科学基金项目时，林老师遭遇了重重困难。他的申请方案在评审过程中被指出了许多问题，比如研究思路不够清晰、研究方法不够创新、预期成果不够明确等。面对这些挫折，林老师并没有气馁。他深知，科研之路本就充满坎坷，每一次失败都是一次成长的机会。于是，林老师开始认真反思自己的申请方案，广泛查阅国内外相关文献，与同行专家进行深入交流。在这个过程中，他逐渐意识到，要想在竞争激烈的国家自然科学基金申请中脱颖而出，不仅要有扎实的理论基础和创新的研究思路，更要紧密结合国家的重大战略需求，为解决实际问题提供切实可行的方案。

后来，林老师重新调整了研究方向，将研究重点聚焦在如何利用新型纳米技术提高新能源材料的转化效率。他提出了一种全新的研究思路，即通过设计和制备具有特殊结构的纳米材料，实现对光能的高效捕获和转化。这一思路不仅具有创新性，而且与国家的能源战略高度契合，有望为解决能源危机提供新的途径。

在确定了研究方向和思路后，林老师开始组建自己的科研团队。他深知，科研工作不是一个人的单打独斗，而是团队的协同作战。他精心挑选了一批具有不同专业背景和研究特长的研究生和青年教师，形成了一个优势互补、团结协作的科研团队。

在团队的共同努力下，林老师开始了紧张而有序的研究工作。他们夜以继日地在实验室里进行实验，不断尝试新的方法和技术，对每一个实验数据都进行仔细的分析和研究。在这个过程中，他们遇到了许多技术难题和挑战，但凭借着坚韧不拔的毅力和勇于创新的精神，他们一一克服了这些困难。

经过两年多的不懈努力，林老师的团队终于取得了重要的研究成果。他们成功制备出了一种新型纳米材料，这种材料在提高新能源材料的转化效率方面表现出了卓越的性能，远远超过了现有的同类材料。这一成果不仅在学术界引起了广泛关注，还为解决国家的能源危机提供了新的思路和方法。

凭借着这一重要成果，林老师再次申请国家自然科学基金项目，并一举获得了成功。这一次，他的申请方案得到了评审专家的高度评价，认为他的研究成果具有重要的科学价值和应用前景，为解决国家重大战略需求和重大科学前沿问题做出了积极的贡献。

在获得国家自然科学基金的支持后，林老师的团队并没有满足于现有的成绩，而是继续深入研究，不断探索新的技术和方法，进一步提高新能源材料的转化效率。他们的研究成果不仅在国际顶尖学术期刊上发表，还获得了多项国家专利，为推动我国新能源产业的发展做出了重要的贡献。

案例中林老师的故事告诉我们，作为一名高校教师，我们肩负着推动科学进步、服务国家发展的重任。国家自然科学基金为我们提供了一个实现梦想的平台，科研不仅仅是追求知识，更是一种责任和担当。林老师用自己的行动诠释了什么是为国家、为社会贡献自己的力量。相信只要我们每一位高校教师都能像他一样，心怀国家，脚踏实地，就一定能在这个伟大的时代中创造出属于自己的辉煌。

“科研不是填补知识缝隙的泥瓦匠，而是站在巨人肩膀上眺望星空的探险家。”自科基金注重科学问题的原创性和技术路线的可行性，项目申报书的本质是描绘未知世界的工程图纸。国家自然科学基金的核心在于科学问题，而不是单纯的技术开发。评审者更关注的是你的研究是否提出了一个重要的科学问题，是否设计了合理的技术路线来解决这个问题。科学研究的本质是探索未知，而不是重复已有的工作。因此，申报者需要在选题中体现出科学性和创新性。

国家自然科学基金是理工科教师攀登学术高峰的云梯，而创新则是这架云梯的绳索。在理工科领域，技术更新换代极快，只有不断创新，才能在激烈的竞争中脱颖而出。理工科教师要时刻保持对新技术、新方法的敏感度，敢于打破常规，用创新的思维去解决实际问题。请你记住，创新不是天马行空，而是要建立在扎实的理论基础和实践经验之上，就像在坚实的地面上搭建一座通往未来的桥梁。

二、社会服务实践：科研成果转化和知识贡献

案例：李教授的社会服务实践

李教授是一位农业领域的专家，他在农作物病虫害防治方面有着深入的研究。他发现当地农民在种植过程中经常受到病虫害的困扰，造成了很大的经济损失。于是，李教授主动与当地农业部门和企业合作，将自己的科研成果应用到实际生产中。他带领团队深入田间地头，为农民提供技术指导和培训，帮助他们识别病虫害，制定科学的防治方案。同时，他还研发了一些新型的农药和防治设备，推广给农民使用。通过李教授的努力，当地农作物的病虫害发生率显著降低，农作物的产量和质量得到了大幅提升，农民的收入也增加了。李教授的社会服务实践不仅为农民带来了实实在在的利益，也为学校赢得了良好的社会声誉，他本人也成了农民心中的贴心专家。

在高校这片充满知识与智慧的天地里，教授们无疑是学术领域的中流砥柱。他们不仅在课堂上传道授业，在实验室里探索未知，还肩负着一项重要使命，那就是社会服务。或许你会问，高校教授做好本职的教学和科研工作不就行了吗，为什么还要投身社会服务呢？这背后其实蕴含着丰富且深远的价值与意义。

从个人成长的角度来看，社会服务就像是一面镜子，能够清晰地映照出教授们自身的优势与不足。当教授们走出校园，将自己的专业知识运用到实际的社会问题中时会发现，理论和实践之间存在着微妙的差距。曾经在书本上和课堂里看似完美无缺的理论，在面对复杂多变的现实情况时，可能需要做出一些调整和改进。例如，一位经济学教授在研究经济理论时

构建了一套严谨的模型，然而当他参与地方政府的经济发展规划项目时，才发现现实中的经济运行受到诸多因素的影响，文化、历史、地域等非经济因素都会对经济政策的实施效果产生巨大的影响。通过这样的社会服务经历，教授们能够更加深刻地理解自己所研究的领域，不断完善自己的知识体系，实现个人的成长与进步。正如罗曼·罗兰所说：“世上只有一种英雄主义，就是在认清生活的真相之后依然热爱生活。”教授们在面对理论与实践的落差时，不退缩、不逃避，而是积极地去探索和解决问题，这种精神正是个人成长的强大动力。

对于学术研究而言，社会服务是源源不断的灵感源泉。高校教授们的研究不应仅仅局限于学术的象牙塔内，而应该与社会的实际需求紧密相连。社会服务为教授们提供了接触真实问题的机会，这些问题往往是学术研究的前沿和热点。通过参与社会服务项目，教授们能够发现新的研究课题，开拓新的研究方向。例如，一位环境科学教授在参与社区的垃圾分类宣传和指导工作时发现，居民在垃圾分类的过程中存在许多困惑和问题。这一现象引发了他的思考，于是他开始着手研究如何通过科学的方法和有效的宣传手段，提高居民的垃圾分类意识和参与度。这个研究课题不仅具有重要的现实意义，还为他的学术研究带来了新的活力和突破。就像爱因斯坦所说：“提出一个问题往往比解决一个问题更重要。”社会服务为教授们提供了提出问题的平台，让他们的学术研究更加贴近生活、贴近实际，从而产生更有价值的研究成果。

第三节　铸就辉煌：职称晋升教授与行政职务院长

案例：从讲台到管理层的双向奔赴

在大学校园里，孙老师是一位普通的副教授，教书育人已有10年时间。他的课堂总是座无虚席，学生们喜欢他幽默风趣的讲课风格，也佩服他对学术的严谨态度。孙老师的研究方向是人工智能，他的论文曾多次发表在顶级期刊上，但他却始终觉得自己离“教授”这个头衔还有一段距离。与此同时，学校领导也注意到了孙老师的潜力，甚至私下问过他是否有兴趣参与学院管理工作。孙老师陷入了深深的思考：是专注学术，争取早日晋升教授，还是尝试走向管理岗位，成为学院的中坚力量？

第一步：晋升为教授的“长跑”之路。

孙老师决定先专注于学术发展。他深知，晋升教授不仅仅是发表几篇高水平论文那么简单，而是一个系统工程。于是，他开始重新审视自己的职业规划。

首先，他梳理了自己的研究方向。他意识到，虽然自己在人工智能领域已经有了一定的成果，但研究主题过于分散，缺乏一个清晰的主线。他决定聚焦于人工智能在教育中的应用这一方向，既能结合自己的教学经验，又能在学术界开辟新的领域。他开始主动申请国家级科研项目，带领团队攻克技术难题，同时积极与企业合作，将研究成果转化为实际应用。

其次，他注重教学质量的提升。孙老师明白，教授不仅是学术的代名词，更是教学的标杆。他开始录制自己的课程视频，邀请学生匿名评价，并根据反馈不断改进教学方法。他还主动开设跨学科选修课，吸引了许多非本专业的学生。他常说：“一堂好课，不是让学生记住你讲了什么，而是让他们记住你如何点燃了他们的兴趣。”

最后，他开始注重学术影响力的提升。他不仅在国际会议上发表演讲，还积极参与学术组织的工作，担任期刊审稿人，甚至发起了一个全国性的人工智能教育论坛。他深知，学术圈的影响力不仅来自成果，更来自连接。他常对年轻教师说：“学术的本质是对话，而不是独白，你需要让更多的人听到你的声音。”

经过 5 年的努力，孙老师终于如愿以偿，晋升为教授。那一天，他站在讲台上，面对满堂的学生，心中感慨万千。他知道，这不仅是一个头衔，更是一份责任。

第二步：边向管理的“新赛道”。

晋升教授后，孙老师的职业生涯迎来了新的转折点。学校领导再次找他谈话，希望他能担任二级学院的院长，全面管理学院事务。孙老师犹豫了，他担心管理工作会占用太多时间，影响自己的学术研究。但他也意识到，管理岗位是一个全新的挑战，或许能让他的人生更有深度和广度。

孙老师决定接受这个挑战。他深知，管理工作与学术研究截然不同，需要一套全新的思维方式。他开始向有经验的管理者请教，学习如何制定战略规划、协调资源、处理人际关系。他常说：“管理的本质不是控制，而是赋能。你需要让每个人都找到自己的位置，发挥最大的价值。”

在担任院长期间，孙老师提出了一系列改革措施。他推动学院建立了教师发展中心，为年轻教师提供职业规划指导和教学技能培训。他还倡导跨学科合作，鼓励不同专业的教师联合申报科研项目。他常对同事们说：“学院的成功不是某一个人的成功，而是每一个人的成功。”

孙老师的管理风格深受师生的喜爱，因为他始终坚持以人为本。他常说：“院长不是高高在上的指挥官，而是一个服务者。你的职责是为教师和学生创造一个更好的环境，让他们能够专注于自己的工作和学习。”

一、晋升教授：学术造诣与教育贡献的高度认可

目前，高校教师的职称均实行分类评审，教授分为 4 种类型，即教学为主型、教学科研并重型、科研为主型、社会服务与推广型，教师朋友们可以对照自己所在学校最新下发的职称评审文件的相应条件来整理申报材料。

教学为主型教授晋升案例：梅老师的“五年之约”

站稳讲台：280 学时的“笨功夫”。

梅老师推开办公室的窗户，春日的风裹着玉兰花香扑面而来。她低头看了眼课表，这学期要带传播学理论和新媒体实务这两门课，这是她任副

教授的第四年。“每学年至少两门本科生课程，近三年零教学事故。”她默念着教授晋升条件，手指划过日历上密密麻麻的红色标记，周一早8点的理论课、周三下午的小组研讨、周五的实习指导……学生总说她像永动机，她却笑着用马克笔在黑板上写下：教学是根，科研是叶，根深才能叶茂。

破茧时刻：当教案变成论文。

那年暑假，梅老师在图书馆偶遇了青年教师小周。对方正为凑不够5篇论文而发愁。“试试把跨文化传播课程设计的迭代过程写成教研论文。”说着，她递过自己的备课笔记，泛黄的纸页上，红蓝批注层层叠叠，像年轮记录着7年的教改历程。

3个月后，两人合作的《场景化教学在新闻传播课堂的实践探索》被核心期刊录用。小周惊喜地发现，原来教学现场就是最丰沃的科研田野。

“梅老师，您参与的省级教研项目结题了！”教务秘书的通知让她恍然想起3年前那个暴雨夜，为了设计媒介融合实验课，她带着学生跑遍了17家融媒体中心进行调研，最终形成的《新闻传播人才“四力”培养模式》不仅拿下了省级项目，还孵化了3篇核心论文。

此刻，她终于理解了评审条件中“主持教改”的真意，真正的教学创新必然生长于实践的泥土。

破局之道：3.8万元经费的蝴蝶效应。

“文科教师搞科研就像在沙漠里种玫瑰。”面对3年累计3万元经费的要求，梅老师曾彻夜难眠。转折点出现在带领学生做“乡村短视频传播”课题时，那些记录田间地头的影像意外地获得了县委宣传部的关注，20万元的横向课题像春雨般降临。她由此顿悟，人文社科的价值锚点永远在真实的中国大地上。

最后一公里：优秀率背后的温度。

第五年的春天，梅老师收到学生匿名寄来的手账本。手账本的扉页写着：“您说前40%的考核不是目标，而是过程，但我们偷偷统计过，您带的学生，其毕业论文优秀率连续三年全院第一。”她忽然想起那个总缩在教室角落的男生。3个月的时间里，梅老师约他喝了7次咖啡，从选题纠结聊到原生家庭，最终那篇《亚文化社群的自我救赎》不仅获评省级优秀论文，更让男生眼里的光重新亮起。

“所谓教学质量前40%，本质上是对教育良知的度量。当我们不再计算优秀率时，优秀自会如约而至。”教师发展中心的分享会上，新晋教授梅老师举起那张泛黄的五年规划表，继续说道：“曾经我以为晋升是攀登山峰，后来我才明白，它更像是种下一片森林。当你专注培育每一株幼苗，年复一年，蓦然回首，脚下已是绿意连天。”台下，青年教师们的笔尖沙沙作响。窗外梧桐新叶舒展，仿佛在书写又一个关于成长的故事。

教学科研并重型教授晋升案例：李教授成长记

李教授的晋升故事或许是你我身边许多高校教师的缩影，他从一名普通讲师，一步步成长为教授，最终成为学科领域的领航者。他的经历既是一个人的奋斗史，也是一部高校教师晋升的教科书。

站稳讲台：教学是立身之本。

李教授常说：“讲台是教师的根，只有站稳了，才能向上生长。”他刚入职时只是一名普通讲师，但他深知教学是高校教师的立身之本，于是他系统讲授了两门主干课程。他的课堂从不枯燥，学生们总说：“李老师的课像一场思想的旅行，总能让人豁然开朗。”

为了提升教学质量，李教授不仅精心备课，还主动组织课堂讨论、指导实习实训、进行社会调查，亲自带领学生做毕业论文和毕业设计。他的治学态度严谨，教学经验丰富，学生们在他的指导下不仅学到了知识，更学会了如何思考。

李教授的教学质量考核常年位居前50%，近5年内2次获得学校学期教学质量考核优秀。他说：“教学不是简单的知识传递，而是点燃学生心中的火种。”

科研突破：从教书匠到学术探索者。

站稳讲台后，李教授开始思考如何从教书匠成长为学术探索者。他深知，科研是高校教师晋升的硬通货。于是，他主动申请并主持了一项省部级科研项目，带领团队攻坚克难，最终顺利结题。

他的科研经费逐年增加，近 5 年累计到账经费超过 10 万元。他说："科研不是闭门造车，而是与同行交流、与社会对话的过程。"他的研究成果不仅发表在国内外核心期刊上，还被国外权威期刊收录。他还出版了学术著作，成为领域内小有名气的学者。

李教授常说："科研是一场孤独的旅行，但每一步都算数。"李教授的坚持不仅让他在学术上取得了突破，也为他的晋升奠定了坚实的基础。

导师角色：从独行者到引路人。

随着教学和科研的双重积累，李教授开始担任研究生导师。他独立讲授了一门研究生学位课程，并指导了多名访问学者、青年教师和进修教师。他说："导师不仅是知识的传授者，更是学术道路上的引路人。"

他的学生们在他的指导下，不仅学术能力显著提升，还在各自的领域崭露头角。李教授常说："看到学生成长，比自己取得成就更令人欣慰。"

晋升之路：从积累到爆发。

李教授的晋升之路并非一帆风顺，但他始终坚信机会总是留给有准备的人。李教授在教学、科研、导师角色上的全面积累，最终让他在晋升教授的评审中脱颖而出。

李教授的教学质量考核常年位居前列，科研项目经费充足，论文论著数量和质量均达到要求。更重要的是，他在学术领域的影响力逐渐扩大，成为同行眼中的标杆。

李教授的故事告诉我们，晋升教授并非遥不可及的目标，而是一步步积累、一点点突破的过程。教学、科研、导师角色，三者相辅相成，一起构成了高校教师成长的铁三角。

正如李教授所说："师者之路是一条永无止境的路，每一步都是对自己的超越，每一程都是对教育的坚守。”

科研为主型教授晋升案例：副教授乔老师的心路历程

乔老师是某高校材料学的副教授，他的晋升故事仿佛一首科研与教学交织的协奏曲，每个音符都精准踩在评审条件的节奏上，却又饱含着学者的温度。

第一乐章：深耕学术的定力。

“科研不是百米冲刺，而是十年磨一剑的马拉松。”乔老师在实验室悬挂的这句话，映照着他在纳米材料领域的12年坚守。他始终遵循“三个一”法则，即每天阅读一篇外文文献，追踪学科前沿；每周组织团队进行一次学术研讨，碰撞思维火花；每月撰写一篇阶段性论文草稿。这种日积月累的耕耘，让他在顶级期刊连续发表了6篇论文。

第二乐章：三尺讲台的匠心。

即使承担着国家自然科学基金项目，乔老师依然坚持每周三早晨给本科生讲授材料科学基础。他独创的“三明治教学法”，课前微案例导入、课中科研反哺教学、课后项目式作业，让枯燥的理论课变成了座无虚席的网红课堂。当评审专家因看到他连续5年教学质量评价位列全院前5%的数据而惊讶时，窗台上学生送的多肉植物早已说明了一切。

第三乐章：资源整合的智慧。

“科研经费不是等来的，是设计出来的。”乔老师的记事本里清晰地规划着经费筹措的立体网络。纵向课题瞄准国家战略需求申报重点专项，横向课题联合龙头企业解决产业化瓶颈，国际合作项目借力海外院士工作站。当他的团队累计到账经费突破300万元时，企业赠送的“产学研合作示范基地”铜牌恰是对这种精准研究模式的最好注解。

第四乐章：学术传承的胸怀。

每个教师节，乔老师都会收到已毕业研究生的视频祝福。他推行的学术基因传承计划要求每位博士生必须指导2名硕士生，硕士生需带领本科生科研小组。这种金字塔式的培养模式，不仅让他超额完成指导8名研究生的指标，更催生出了3个学生创业团队。当评审专家看到他的学生以第一作者发表的4篇SCI论文时，乔老师只是淡淡地说："学术火种的传递本就是教授的天职。"

终章：破茧成蝶的哲学。

在第五次提交晋升材料时，乔老师特意在扉页写下亨利·梭罗的名言："万物未变，是我们变了。"他精心设计的申报材料犹如学术艺术品，左侧栏是冷硬的科研数据，主持2项国家级课题、到账经费412万元、6篇TOP期刊论文；右侧栏是温热的育人故事，学生竞赛获奖证书、教学创新奖杯、产学研合作案例。这种刚柔并济的呈现，让他在评审时获得全场一致通过。

乔老师的故事揭示了教授晋升的深层逻辑，既要像北斗卫星般精准对标评审条件，又要如春蚕吐丝般编织教育理想。乔老师的办公桌玻璃板下压着自创的"五维发展模型"，即学术深度决定科研高度、教学温度培育人才厚度、合作广度拓展资源宽度、传承力度延续学术长度，而贯穿始终的是学者精神的纯度。这或许就是当代高校教师破局晋升困境的终极密码。

当乔老师在聘任文件上签下名字时，夕阳正透过实验室的窗棂，在他未完成的论文稿上投下斑驳光影。新的征程已然开始，因为真正的学者永远在超越标准的路上。

社会服务与推广型教授晋升案例：从实验室到山河的旅程

深秋的实验室里，张教授看着电脑屏幕上刚收到的横向课题到账通知，他的累计经费已经突破400万元，张教授的嘴角微微扬起。这一刻，他想起6年前刚评上副教授时的迷茫，那时的他虽然教学优秀，却受困于论文至上的评价体系。转折点是他领悟到社会服务与推广型晋升路径的真谛，即学术的终极价值在于让知识走出象牙塔，在于与社会需求共振。

第一章，站好讲台，教学是学者的根基。

“教书育人是高校教师的第一身份。”张教授常对青年教师说。他坚持每学年主讲材料科学导论，即使科研再忙，也会精心设计课程案例，并将企业技术难题转化为课堂讨论题。年均 72 学时的教学工作量远超 64 学时的标准，学生评价他：“张老师的课像桥梁，连接着理论和生产线。”

第二章，横向突围，从实验室到产业一线。

2020 年，一家新能源企业因电池寿命问题濒临停产。张教授带领团队驻厂 3 个月，将实验室的涂层技术转化为生产线上的工艺方案，最终为企业创造年效益超 500 万元。这项成果不仅成为他横向课题累计经费突破 400 万元的关键，更让他深刻体会到科研的终点不是论文，而是解决问题的“最后一公里”。

第三章，论文之辩，质量与落地并重。

“论文是学术的脚印，但脚印要通向远方。”张教授在核心期刊发表的 5 篇论文中，3 篇源于横向课题的实证研究。他拒绝为发表而发表，坚持问题导向写作。例如，针对某次技术推广中的管理难题，他结合案例分析写成的政策咨询报告，被省级部门采纳。

第四章，传承之道，导师的双螺旋使命。

“带研究生不是放养，而是共同成长。”张教授指导的 3 名青年教师中，有人成为企业技术顾问，有人拿下省级科研项目。他独创的“双螺旋培养法”，让研究生既参与基础研究，又深入企业实践，不仅培养了 6 名行业骨干，更让他的研究生导师经历成为晋升的关键。

终章，超越职称，学者的三重境界。

如今，张教授的办公室墙上挂着两幅字。一幅是“顶天”，象征着他在顶刊发表的突破性论文。另一幅是“立地”，记录着他推动 10 项技术落地的成绩。他说：“‘教授’二字的分量不在头衔本身，而在教以启智、授以达人的终生践行。”

晋升的本质是让学术生命与社会脉搏同频跳动，当你的研究能让工厂机器重新运转、让农民增收、让政策更温暖时，教授职称便早已不再是目标，而是水到渠成的注脚。

二、二级学院院长：管理智慧与教育情怀的融合

在大学校园里，担任二级学院院长是一件既充满挑战又意义非凡的事情。二级学院院长不仅仅是一个职位，更是一种责任，一种对学院未来的承诺。很多人以为院长的工作是高高在上的指挥，其实不然。院长的角色更像是一艘船的舵手，既要看清远方的灯塔，也要感知脚下的暗流。下面就让我们来聊一聊如何从一名普通教师成长为一名优秀的二级学院院长。

第一步：从教书匠到学院代言人。

成为院长之前，你首先要是一名优秀的教师。教学是高校的根本，只有站稳讲台，才能赢得师生的尊重。学生喜欢你，教师信任你，这是你未来管理工作的基础。你要明白，院长不是一个“空降兵”，而是学院文化的延续者。你需要用自己的教学和科研成绩，证明你是学院的一部分，而不是一个外来的管理者。

不过，仅仅是优秀的教师还不够，你需要学会从学院的角度思考问题。例如，当你看到学院的课程安排不合理时，你是否会主动提出改进建议？当你发现年轻教师在科研上遇到困难时，你是否会主动伸出援手？这些看似不起眼的举动，其实是在为你未来的管理工作积累信任。管理的本质是服务，而服务的前提是信任。

第二步：学会“看见”学院的全貌。

成为院长之前，你需要学会从全局的角度看待学院的发展。很多教师只关注自己的研究领域和教学任务，但院长需要关注的是整个学院的运行。你需要问自己几个问题，学院的学科布局是否合理？哪些学科是我们的优势？哪些学科需要加强？学院的资源分配是否公平？年轻教师是否有足够的成长机会？学院的学生培养是否符合社会需求？我们的毕业生是否

具备竞争力？这些问题看似宏观，但答案往往藏在细节里。例如，你可以通过与不同学科的教师交流，了解他们的需求和困惑；你可以通过与企业合作，了解社会对人才的需求；你还可以通过学生的反馈，了解教学中存在的问题。院长的眼界决定了学院的高度，而眼界的培养需要你主动去“看见”那些平时被忽略的角落。

第三步：从个人英雄到团队领袖。

很多人以为院长是一个个人英雄，需要靠自己的能力解决所有问题，其实不然。院长的真正职责是搭建一个高效的团队，让每个人都能发挥自己的优势。你需要明白，学院的成功不是某一个人的成功，而是整个团队的成功。

在实际工作中，你需要学会识人和用人。例如，有些教师擅长科研，但不擅长教学；有些教师教学能力强，但科研成果有限。你需要根据每个人的特点来安排合适的工作，让他们在自己擅长的领域里发光发热。你还需要学会激励团队。例如，当教师们在科研上遇到瓶颈时，你可以组织学术沙龙，邀请专家分享经验；当教师们在教学上取得突破时，你可以对他们进行奖励，鼓励他们继续创新。

院长的工作不是独奏，而是合奏。你需要用自己的智慧和耐心，调动每一个人的积极性，让整个学院成为一个和谐的团队。

第四步：学会平衡与取舍。

担任院长后你会发现，管理工作充满了矛盾和冲突。学院的预算有限，你需要在科研和教学之间做出取舍；学院的资源有限，你需要在资深教授和年轻教师之间找到平衡；学院的时间有限，你需要在行政事务和学术研究之间分配精力。

在这些矛盾中，最重要的是学会平衡。例如，当年轻教师抱怨自己得不到足够的资源时，你需要倾听他们的声音，同时也要向他们解释学院的实际情况；当资深教授要求更多的支持时，你需要尊重他们的贡献，同时也要提醒他们承担更多的责任。管理的艺术在于找到平衡点，而不是让所有人都满意。

同时，你还需要学会取舍。例如，当行政事务占据了你太多时间时，你需要学会授权，把一些具体的工作交给副院长或办公室主任；当学院的发展方向与个人的研究兴趣发生冲突时，你需要学会放下个人的得失，把学院的利益放在首位。总之，院长的职责是为学院的未来负责，而不是满足每个人的需求。

第五步：用愿景点燃学院的未来。

一个优秀的院长不仅仅是一个管理者，更是一个领路人。你需要为学院制定一个清晰的发展愿景，让每个人都知道学院的目标是什么，方向在哪里。这个愿景需要结合学院的实际情况，同时也要有一定的前瞻性。例如，如果你的学院在某个学科领域有一定的优势，你可以提出打造全国一流学科的目标；如果你的学院在教学上有鲜明的特色，你可以提出培养社会急需的应用型人才的目标。这个愿景需要具体而可行，同时也要有一定的挑战性，让每个人都能感受到自己的价值。

愿景的实现需要时间，但它的力量是巨大的。它可以让教师们在科研上更加努力，让学生们在学习上更加主动，让整个学院充满活力和希望。

剧场：张院长的管理心路

粉笔灰在晨光中起舞，张院长的手指第三次抚过院长办公室门牌时，金属的凉意依然让他心悸。3 天前，这位研究宋明理学的教授正在图书馆核对《朱子语类》笺注，突然接到校长的越洋电话："文史学院的张院长辞职了，校党委决定由你接任。"

此刻，正坐在椭圆会议桌顶端皮质座椅上的张院长清晰地听见了自己太阳穴突突的跳动声。左手边的明清文学泰斗周教授正用紫砂壶盖拨弄着茶叶，陶瓷碰撞声像极了《广陵散》的变调。右手边的海归博士任老师转着万宝龙钢笔，金属笔帽在实木桌面敲出急促的节拍。

"院长，经管学院去年科研经费 3000 万，咱们文史学院连零头都不到。”周教授吹开茶沫，继续说道：“您打算怎么给我们这些老骨头养老啊?”

张院长望着投影幕布上的财务数据，突然想起朱熹“理一分殊”的哲学命题。他起身关掉PPT，从公文包取出泛黄的笔记本，说道：“这是钱锺书先生当年在西南联大讲授《管锥编》时的手稿复印件，上周我在国家图书馆特藏部发现的，其中有37处批注与周老您1985年的论文互为印证。”会议室骤然寂静，任老师的钢笔也停止了转动。

“文史学院的财富不在账面上。”张院长翻开手稿复印件，继续说道：“这里藏着三代学人的智慧图谱。下周起我们将启动青蓝工程，每位教授带领两名青年教师组建学术共同体，学校配套的学科建设基金……”

窗外的银杏叶沙沙作响，张院长知道，这场静水流深的变革才刚刚开始。

秋雨敲打着梧桐叶的深夜，张院长办公室的台灯始终亮着。电脑屏幕上跳动着学生的教学评价：“古代文学课的李老师上课时总是心不在焉……”张院长揉着自己的太阳穴，想起3天前青年教师座谈会上李老师泛红的眼眶：“院长，我房贷每月8000，课时费还不够买参考资料的。”

晨光熹微时，张院长敲定了“教师发展彩虹档案”。每个教研组配备专属的成长顾问，将教师发展细化为包含教学力、科研力、社会服务力的三维九阶模型。当李老师在“社会服务”栏勾选“文化普及”时，成长顾问为他对接了省博物馆的策展项目。

“没想到研究《东京梦华录》还能帮博物馆设计宋朝生活展。”李老师在跨学科工作坊分享时，手中的虚拟现实复原演示让民俗学教授眼睛一亮。

“院长，我们组想和数字媒体专业合作开发沉浸式诗词体验系统。”张院长笑着递过项目申请书，说道：“这是基金申请表，填好后直接走绿色通道。”转身时他听见任老师在走廊打电话：“王总，我们学院的数字人文团队可以承接文旅项目……”

学期末的述职会上，李院长的宋朝生活展参观人次突破 10 万，任老师的横向课题到账经费刷新了文史学院纪录。周教授捧着新出的《明清小说评点丛刊》感叹道：“原来故纸堆里也能开出玫瑰花。”

“院长，您是怎么平衡‘管’和‘理’的尺度的?”新入职的辅导员小陈抱着笔记本追问道。张院长指着行政楼前的百年香樟说道：“看见树冠间穿梭的松鼠了吗? 好的管理者不是修剪枝杈的园丁，而是培育生态的造林人。当年钱锺书先生给青年教师修改论文时，总是在批注里夹带着治学心得的手札，这就是文史学院最珍贵的传承。”张院长打开手机相册，展示教师发展中心的实时数据大屏，说道：“红色是科研攻坚组，蓝色是教学创新组，紫色是社会服务组。每个光点都在寻找交汇的可能，我们要做的，就是让星光连成银河。”

暮色中，文史学院顶楼的玻璃幕墙倒映着漫天霞光，宛如一幅流动的《千里江山图》。张院长知道，真正的教育从来不是刻碑立传，而是薪火相传的微光，在无数个李老师、任老师们的眼眸中，永远跃动着思想的火焰。

第四节　典范引领：追寻“大先生”与院士之光

当我写下这段文字时，每一次笔尖在纸上划过，每一次键盘的轻触，都仿佛是在与历史的对话，与伟大的灵魂相拥。泪水，悄然间浸湿了我的眼眶，它们并非出于悲伤，而是源于一种深深的敬意与震撼。那些关于“大先生”和院士们的光辉事迹，如同璀璨星辰，照亮了我的思绪。他们的智慧、他们的奉献、他们对科学的执着追求，以及他们为国家和人类所做出的卓越贡献，如同洪流般涌入我的脑海，让我在感动中无法自已。

一、“大先生”风范：师德、学识、育人的完美融合

（一）李佩先生——中科院最美的玫瑰、中关村的明灯

2017年1月12日，“年轻的老年人”、“中国应用语言学之母”、中国科学院大学外语系的创建者李佩先生，永远地离开了我们。湍流卷走的是她清逸的身影，但卷不走的是一个“传奇”。

1978年，中国人主动打开国门看世界。这一看，就看到了更广阔的天地、更先进的科学技术、更多元的知识文化。面对遥遥领先的世界科技强国，李佩先生意识到，中国的科研人员必须开放自己，只有懂外语，勇敢地和外国友人进行交流，才能让中国的科研赶上发达国家。为此，李佩先生克服重重困难，组织创办了中国科学院研究生院外语教学部（中国科学院大学外语系前身），自己亲自为研究生讲授英语课程。在课堂上，她引导学生阅读《双城记》《傲慢与偏见》等经典原版英文书籍，让学生在原汁原味的语言环境中感受英语的魅力，提升语言素养。同时，她还大胆创新，要求所有毕业生必须用全英文进行论文答辩，这一举措在当时无疑是极具前瞻性和挑战性的。不仅如此，她还四处奔走，邀请当时极为罕见的外教前来授课。

李佩先生深知，让中国学生有更多看世界的机会，是推动中国科技进步和发展的重要途径。因此，她不遗余力地为中国留学生撰写推荐信。在那个特殊的年代，只要推荐信上有李佩先生的签名，就如同获得了一张通往世界的通行证，中国留学生得到了广泛的认可和尊重。为了帮助中国第一批自费留学生走出国门，她还积极参与李政道发起的中美联合招考物理研究生（CUSPEA）项目，她亲自出考题，为选拔优秀人才贡献自己的力量。

功夫不负有心人，那些当年在李佩先生帮助下走出国门的优秀学生，在学成回国后，纷纷在各自的领域担任重要职务，为国家的建设和发展贡献着自己的智慧和力量。白春礼、李静海、丁仲礼、方新……这些如今在

中国科技界熠熠生辉的名字，都曾是李佩先生的学生。

李佩先生的贡献远不止于此，她是当之无愧的“中国应用语言学之母”。李佩先生曾担任中国第一套研究生英语教材的主编，凭借其深厚的学术造诣和丰富的教学经验，为中国外国语教学的规范化和专业化发展奠定了坚实的基础，极大地推动了中国外语界的发展。她还是“中关村的明灯”，创办了中关村大讲坛，组织了600多场讲座，邀请国内外众多知名专家学者前来分享前沿知识和研究成果，为中关村的科研人员和广大师生提供了一个广阔的学习交流平台。此外，她更是一代“传奇”，曾代表中国女性在国际会议上发出了第一个声音，展现了中国女性的智慧和风采。即便年逾八旬，她依然坚守在教学一线，用自己的实际行动诠释着一名教师的敬业精神和责任担当。

（二）黄令仪先生——我最大的心愿是匍匐在地，擦干祖国身上的耻辱

中国科学院微电子研究所研究员黄令仪先生为了解决国家芯片被“卡脖子”问题，年近80依然坚守在龙芯研发中心，直到生命的最后一刻，她曾说：“我最大的心愿是匍匐在地，擦干祖国身上的耻辱。”2023年7月1日，中国科学院大学校长周琪在毕业典礼的致辞中讲述了黄令仪先生的故事，致辞期间他的声音几度哽咽。那时，黄令仪先生已离世近3个月，她的名字开始逐渐被更多人所熟知。黄令仪先生的一生低调而伟大，她始终坚守在科研与教学的第一线。她的同事、学生中已有多人成为院士，而她依然以一名普通研究员的身份默默奉献。她从未追求过头衔与荣誉，而是用实际行动书写了一个科学家和教育者的传奇。

1960年，黄令仪先生在教书育人的同时创建了国内首个半导体实验室，在极端恶劣的情况下，终于研发出了我国的半导体二极管。1965年，她率领中国第一个芯片研究团队，在缺资料、缺设备、缺人才、缺材料的情况下，成功研制出了半导体三极管。1978年，黄令仪先生和她的团队研制的芯片即将达到世界先进水准。截至1984年，在黄令仪先生带领下的中国集成电路和芯片发展已经无限逼近世界水平。

2001 年，面对西方的技术封锁，已经 65 岁的黄令仪先生毅然放弃退休的悠闲生活，受邀加入了龙芯研发团队，成为项目负责人。当时中国科学院计算技术研究所没人做过芯片的物理设计，黄令仪先生就从头开始亲自攻关，不仅完成了龙芯 1 号的物理设计，还培养了一支能打硬仗的物理设计团队。当时的那颗芯片虽然在性能方面与国际上的先进水平差距较大，但其真正打破了国产计算机无芯可用的历史。随后在黄令仪先生团队的不懈努力下，龙芯 3 号等一大批国产高性能芯片应运而生，让歼-20 战斗机、北斗卫星、复兴号高铁等国家重大工程都装上了真正的“中国芯”。黄令仪先生连续多年，从早到晚地拖着鼠标、盯着屏幕查电路。她用八旬之躯，为祖国节省了每年 2 万亿元的芯片进口成本，更为国家赢得了技术上的独立与尊严。

这位被誉为“中国龙芯之母”的女科学家，用瘦弱的肩膀扛起了民族复兴的重任。她的一生写满了苦难与坚忍，她从战火中走来，始终以知识报效国家。即便耄耋之年，她仍然在实验室里伏案工作，直至生命的尽头。她用一颗炽热的赤子心，铸就了最硬核的“中国芯”，为祖国挺直了脊梁。

二、院士榜样：科技创新与学术引领的标杆力量

（一）邓稼先院士——此为真国士，他嘴角有根本擦不净的血迹

他，年仅 26 岁就获得美国普渡大学博士学位；他，去世前几个月忍着剧痛完成的《加快中国核试验进程的建议书》，帮助我国赶在 1996 年联合国全面禁止核试验条约之前完成了各项核试验数据；他，生前留下的最后一句话：“不要让别人把我们落得太远，一不为名，二不为利，但我们的工作要奔着世界先进水平……”；他，隐姓埋名 28 年，归来已是癌症晚期，直到离世，人们才真正明白他的价值。他就是邓稼先院士，著名的“两弹元勋”。而他患癌的原因，更是让人潸然泪下。

在获得博士学位仅仅 9 天后，邓稼先院士便毅然放弃了美国的优越生活，登上了归国的轮船。1959 年，中国下定决心依靠自己的力量研制原子弹、氢弹和人造卫星，而邓稼先院士成为这一壮举的核心人物，他担任了原子弹理论设计的总负责人。在那片荒凉的戈壁滩上，邓稼先院士带领团队从零开始，手工计算、反复推演，在没有先进设备且科研条件极其艰苦的情况下，仅用 3 年时间就攻克了原子弹理论设计难题，绘制出了原子弹的雏形。

邓稼先院士把全部生命都投入了科研，有时思考问题时他会陷入沉思，目光呆滞，党委书记发现后提醒他不要再骑自行车，担心他的安全，可邓稼先院士却笑着说："我骑车技术不错。"然而仅过了没多久，他就因精神过于疲惫，连人带车摔进了路边的水沟里。即便如此，他也从未停下过脚步。1964 年 10 月 16 日，中国第一颗原子弹成功爆炸，邓稼先院士亲笔签字确认了这颗原子弹的设计方案。为了验证爆炸效果，他亲自率队进入试验现场采样，冒着辐射的危险，只为确保数据的准确无误。

原子弹的成功并未让他停歇，他又与于敏等科学家通力合作，在短短 32 个月内就完成了氢弹的理论设计，并通过空投试验成功引爆了我国第一颗氢弹。这一成就大幅领先于苏联、法国和美国，令世界为之震撼。然而，在这些辉煌的背后，是邓稼先院士对家人深深的隐瞒与牺牲。由于工作的高度保密性，邓稼先院士的妻子许鹿希直到 1986 年在报纸上看到"两弹元勋" 4 个字，才知道丈夫这些年究竟在从事怎样的事业。

1979 年的一次氢弹试验中，一颗核弹意外掉落，偏离了爆破中心。找到这颗核弹是解决问题的关键，但也意味着要暴露在严重的核辐射中。邓稼先院士毫不犹豫地决定亲自前往，面对领导的阻拦，他沉着地说道："你们去了，找不到白受污染。我去，我做的，我知道。"于是，他义无反顾地走向事故现场，冒着生命危险寻找核弹碎片。最终确认无误后，他才轻声说道："平安无事。"然而，大家的平安，却是以他身体的严重辐射作为代价的。

从那以后，邓稼先院士的身体迅速衰老，头发花白，健康状况日渐恶化。1986 年 6 月，邓稼先院士与好友杨振宁合影时，嘴角仍残留着止不住的血迹。他用生命书写了中国核武器事业的辉煌篇章，也以无声的奉献诠释了“师者”的深刻内涵，不仅是知识的传授者，更是信念与精神的守护者。邓稼先院士的故事感天动地，永载史册。

（二）郭永怀院士——他烧焦的遗体中藏着绝密文件

在生命的最后 10 秒钟里，他本能的反应不是保护自己，而是用自己的躯体保护中国的核机密文件。他是唯一一位在核弹、导弹、人造卫星等领域都有杰出贡献的科学家；他是“两弹一星”元勋中唯一一位在工作中以身殉职的科学家；他是让周恩来总理得知牺牲消息后，当着外宾仰面痛哭的科学家；他是被钱学森誉为一人能抵美国 10 个师的科学家——他就是郭永怀院士。

郭永怀院士 1909 年出生于山东荣成，1931 年考入南开大学，1938 年以公派留学第一名的成绩赴美，1945 年完成跨声速流动研究，获得博士学位，为解决跨声速飞行问题奠定了理论基础。

1956 年 9 月，郭永怀院士和夫人李佩带着小孩一家三口回到祖国。回国之后，郭永怀院士立刻投入了如火如荼的研究工作之中。在郭永怀院士的积极倡议和指导下，我国迅速制定和出台了第一个与爆炸力学有关的科学规划，引导爆炸力学走上了与核试验相结合的道路。在导弹、火箭发动机及反导系统研究中，郭永怀院士冒险进行了数百次试验，为攻克热障难题铺平了道路。他将积攒的 48 460 元全部捐给了中国科学院，却无钱为女儿买棉鞋。1963 年，郭永怀院士前往青海核试验基地，他以惊人的毅力，反复思索科研方案，解决了许多重要的动力难题。1964 年，中国第一颗原子弹爆炸成功；1966 年，中国第一枚地导爆炸成功；1967 年，中国第一颗氢弹空投爆炸试验成功……这些成就背后，郭永怀院士都功不可没。

1968 年 12 月，郭永怀院士在实验中发现了关键数据，为推动热核武器研究取得了突破性进展。他紧急赶赴北京汇报，却因飞机失事罹难。在坠机瞬间，他用身体护住了绝密文件，确保科研成果无损。22 天后，这份浸染着智慧与鲜血的文件包帮助中国第一颗热核导弹试验成功，成为他献给祖国的最后礼物。2018 年，国际小行星中心将 212796 号小行星命名为“郭永怀星”，以纪念这位如星辰般璀璨的科学家。

写到这里，我的泪水又一次涌上眼眶，模糊了视线。心中翻涌的情感如潮水般起伏，久久无法平复。两位“大先生”和两位院士真正将“为天地立心，为生民立命，为往圣继绝学，为万世开太平”具象化了。

第六章　瓶颈突破：高校教师的蜕变与超越

案例：高校教师小然的故事

小然是某高校的一位教师，他的教师生涯经历了焦虑、倦怠、迷茫和重生的全过程，小然身上发生的故事也许会让你看到自己的影子。

青年教师的焦虑。

小然刚成为高校教师时，心里充满了对未来的憧憬。他以为自己考上了博士，进入了高校，从此就能过上稳定而体面的生活，然而现实很快就给了他一记重击。月薪刚刚够维持基本生活，房贷像一座大山压在他的肩上，孩子的奶粉钱、父母的医疗费，还有妻子偶尔抱怨的“什么时候我们能买辆车”，都让他在深夜辗转反侧。他开始不断问自己：“读了这么多年书，拼尽全力才成为高校教师，为什么生活却还是这么拮据？难道是自己选错了路吗?”

有一天，他和一位同事聊天时忍不住倾吐了自己的焦虑。同事笑着说道：“你以为所有高校教师一开始就可以过得很体面吗？我们也是从一穷二白熬过来的。经济上的焦虑是提醒你要找到更多的可能性，但别让它绑架了你的生活。你有没有想过，除了课堂和科研，你还能做点什么?”

中年教师的倦怠。

10 年后，小然已经成为一名经验丰富的中年教师。他的课被评为“校级精品课程”，论文也发表得风生水起。然而他却发现，自己越来越不想上课了。每次站上讲台，他都觉得疲惫不堪，仿佛被掏空了灵魂。他又开始不断问自己："我到底还在追求什么？我是不是已经把这份工作做到了尽头？"

有一天，他和一位同事喝茶聊天。同事笑着对他说："倦怠，是因为你一直在输出，却忘了输入。你就像一口井，水被不断打上来，却忘了要有活水注入。你应该停下来问问自己，最近一次为自己而学是什么时候？"

银发教师的价值。

又过了20年，小然已经是学校里的一位老教授。他的学生遍布全国各地，很多人都把他当作人生导师，然而他却常常感到一种隐隐的失落。他发现自己在学术领域的影响力正在减弱，年轻人讲课、做研究劲头正足，而他却有些跟不上了。他不禁问自己："我是不是已经没有价值了？"

企业转岗教师的适应。

小然的故事还有一个特别的章节，他的妻子小敏原本是一家企业的高管，后来因为家庭原因，她选择转岗成为一名高校教师。刚开始她觉得自己完全无法适应，可是几年后，小敏不仅适应了高校生活，还成了学校里最受欢迎的教师之一。

案例中小然的故事告诉我们，瓶颈是成长的必经之路。在高校教师的成长过程中，每个阶段都有不一样的挑战和瓶颈。焦虑、倦怠、迷茫，甚至转型的不适，都不是失败的标志，而是成长的信号。就像小然常对他的学生说的那样："你觉得走不动的时候，不是因为路到了尽头，而是你应该换一种走法了。"

第一节　青师逐梦：青年教师的成长焦虑与化解

案例：高校"青椒"的挣扎与不甘

小吴是我认识的一位青年教师，他今年刚满30岁。读了这么多年书，从本科到博士，一路走来，他感觉自己就像在漫漫求学路上艰难跋涉的行者。博士期间，每月 2000 元的补贴，他算得清清楚楚，房租水电、一日三餐，再加上偶尔买点学习资料，月底钱包就瘪得厉害。他常常自我调侃："这日子过得，跟精打细算的'守财奴'似的，可守着的那点'财'还不够塞牙缝呢！"

好不容易博士毕业，小吴入职了一所高校。本以为能松一口气，可现实却给了他当头一棒。各种考核指标压得他喘不过气来，到手的工资虽比读博时多点，但面对房贷、车贷、日常开销，还是捉襟见肘。他看着自己那些去了企业的同学，年薪几十万，有房有车，有滋有味地享受生活，再看看自己，三十而立的年纪，本该是大展宏图、意气风发的时候，却因为经济压力，每天愁眉苦脸，哪还有心思好好教学、安心科研呢？他常常在深夜里辗转反侧，心里满是迷茫："我读了这么多年书，难道就是为了过上这种日子吗？"

其实，小吴的遭遇并不是个例，很多青年教师都面临着同样的问题。读书读到快 30 岁，经济上还没能完全独立，甚至还要依靠父母补贴，这种落差感，就像是一道深深的沟壑，横亘在理想与现实之间。外界的眼光更是雪上加霜，仿佛高校"青椒"这个头衔就天然地和"穷酸"画上了等号。

"青椒"是网络上对高校青年教师的一种戏称（取"青年教师"的谐音），他们经过 20 余年的寒窗苦读，最终在高校谋得一份工作。"青椒"在职业生涯中面临的焦虑来源主要集中在生存、成家、立业和人际等 4 个方面。这些问题既反映了高校青年教师群体的现实困境，也揭示了其职业发展的复杂性。

一、"青椒"的焦虑与困境

（一）生存焦虑——薪资偏低与生活成本高企的双重夹击

自 2003 年北京大学引入"非升即走"的教员分级淘汰机制以来，这一制度逐渐在国内高校推广。尽管其初衷是提升高校的学术竞争力，但在实践中却给青年教师带来了巨大的生存压力。薪资待遇普遍偏低，加之高房价和高房租的现实，使得不少青年教师难以维持基本生活。面对这样的经济状况，很多人不得不通过兼职或其他方式增加收入，但这种做法势必会影响其学术研究和教学质量。

此外，住房问题也成为青年教师生存焦虑的重要来源。由于高校对青年教师的住房保障不足，大城市高昂的房价和房租进一步压缩了他们的生活空间。许多青年教师不得不将工资的一半用于租房，生活质量因此大打折扣。在“非升即走”政策的压力下，聘用考核的不确定性进一步削弱了青年教师的职业安全感，甚至可能面临无书可教的困境。

（二）成家焦虑——婚育与经济负担的双重挑战

婚育问题是高校青年教师的另一大焦虑来源。对于未婚的青年教师而言，繁重的教学和科研任务使他们连谈恋爱的时间都没有。而已婚且育有子女的青年教师则面临更大的经济压力，包括抚养子女、赡养老人，以及日常家庭开支等。这些成本叠加后，往往超出了他们的经济承受能力。尤其是在大城市，高昂的生活成本使得成家对于许多青年教师而言简直成了一种奢望。

（三）立业焦虑——学术竞争与职业发展的双重困境

在职业发展方面，青年教师面临着严苛的学术考核压力。科研项目、论文发表等指标已成为衡量个人能力和发展潜力的核心标准。为了完成考核目标，不少青年教师不得不采取“灌水”、拆分论文等急功近利的策略，从而忽视了科研成果的质量。这种功利化的劳动导向不仅难以提升学术水平，反而会导致青年教师陷入争项目、拿课题、出成果的心理困境。

此外，高校频繁变动的考核政策和以效率为导向的晋升机制也让青年教师倍感不安。在“非升即走”的制度框架下，青年教师不得不超负荷工作，甚至有些人不惜采用学术造假或自我剥削的方式以达到考核目标。这种高强度的工作状态不仅损害了他们的身心健康，也进一步加剧了职业焦虑感。

（四）人际焦虑——沟通隔阂与反馈不足的双重影响

高校内部的沟通机制不健全，使得青年教师在教学科研中常常感到孤立。与行政人员的交流不畅、与学生群体的互动隔阂进一步加剧了这一问题。例如，学生在课堂上敷衍学习任务、玩手机等行为会让青年教师感到自己的教学劳动得不到应有的尊重。这种负向反馈不仅削弱了教师的教学责任感，还可能导致师生关系的进一步疏远，甚至引发群体对立。

二、“青椒”的疗愈与突围

那么青年教师应该如何突破焦虑困境呢?

（一）调整心态——用长远的眼光看待职业发展

高校教师的职业特点是前期慢热、后期爆发。青年教师的起薪确实不高，但随着职称晋升、科研项目的积累、教学经验的丰富，其收入和影响力都会逐步提升。与其纠结于眼前的得失，不如把目光放长远。请你记住，只要熬过了“青椒”阶段，必将迎来更稳定的职业阶段。教育是一份积累型的事业，今天的努力会在未来的某一天以意想不到的方式回馈给你。

（二）建立自己的学术坐标轴

别总是被考核表上的指标牵着鼻子走，可以试着用红色马克笔在墙上画出自己专属的成长坐标系。横轴标上“学术志趣浓度”，纵轴写上“知识创造价值”。每个月用荧光贴标记位置，你会看到在课题申报成功率之外，自己正在向更辽阔的地带迁徙。就像考古学家不会用发掘速度来评价成果，真正的学术成长需要用立体坐标系来衡量。

（三）制定明确的职业规划

焦虑的另一个来源是未来的不确定性。与其被动焦虑，不如主动出击，为自己制定一个清晰的职业规划，将庞然大物进行分解。例如，7 年内评上教授职称，2 年内主持一项国家级科研项目，5 年内出版一本学术专著。明确的目标会让你在日常工作中更有方向感，也会减少无谓的焦虑。

（四）学会开源节流——合法改善经济状况

虽然高校青年教师的工资不高，但并不是没有办法改善经济状况。例如，可以利用自己的专业优势，参与一些横向课题或社会服务项目；也可以尝试论文辅导、书籍出版、举办讲座等副业，既能增加收入，又能提升个人影响力。同时，在生活中学会理性消费，避免盲目地与他人攀比。请你记住，生活质量的高低不全取决于金钱，而在于你如何经营自己的生活。

（五）与优秀同行者为伴

焦虑往往会让人陷入孤立的状态，觉得只有自己在苦难中挣扎。其实，当你与同行多交流后就会发现，大家都在经历着类似的挑战。加入一些学术社群、教师发展组织，或者和身边的同事多聊一聊你就会发现，分享经验与困惑，本身就是一种疗愈。例如，组建跨学科早餐会，在每周三的早晨8点，文理科教师在教工食堂的角落拼桌。哲学系的苏老师从量子纠缠谈到《庄子·齐物论》，生科院的杨博士用基因编辑解释《弗兰肯斯坦》。这种思维混搭往往会在拿餐巾纸画草稿时迸发出奇妙创意，比正襟危坐的学术论坛更有生产力。又例如，创建成长合伙人制度，与不同领域的青年教师结对互助，你帮对方修改英文论文，他教你设计慕课动画。传媒学院的李老师帮化学系制作科普短视频，结果该视频被某电视台官微转发，大大提升了李老师课题组的知名度。

（六）保持学习，提升自我

青年教师的另一个优势是学习能力强，因此可以利用这段时间多阅读、多学习，不断提升自己的学术水平和教学能力。无论是申请出国访学，还是参与国内的学术交流活动，都能帮助你开阔眼界、积累资源。当你在某个领域真正做到卓越时，经济回报和职业成就自然会随之而来。

（七）创造第二曲线

在主流研究方向之外培育“知识盆景”。例如，计算机系的赵老师把对古琴的热爱变成跨学科项目，用声纹识别技术复原了失传的《广陵散》指法，没想到这个“不务正业”的尝试使他获得了国家艺术基金的青睐。

（八）开设“脆弱分享日”

例如，每个月最后一个周五的下午，在咖啡厅举办“不完美茶话会”。数学系的刘老师坦言曾因口吃不敢站上讲台，美术学院的杨教授展示了被退稿 12 次的作品集。当你说出“我也有过这样的至暗时刻”时，办公室政治的高墙会瞬间消融成扶持的臂弯。

（九）将焦虑熔铸成时光琥珀

例如，开展时间炼金术，制作“三格时间胶囊”，把每天切割成专注钻石时段（90 分钟深度工作）、思维漫步区间（30 分钟跨学科阅读）、能量补给站（15 分钟正念冥想）。经济学院的陈老师用这个方法既完成了国家课题，又写出了畅销书《经济学与老庄哲学》。又例如，设计“知识复利账本”，把碎片化学习转化为资产积累。每次听讲座时只记录 3 个行动点，即这个观点如何颠覆我的认知、能在哪门课上应用、可以衍生出什么新课题。外语学院的周老师用这个方法把偶然听到的建筑学报告转化成《哥特式教堂与十四行诗结构比较》，结果成了爆款论文。

（十）启动“学术心跳监测”

用手机记录每个小时的焦虑值（1—10 分）及诱因，3 周后绘制折线图，你会发现真正的焦虑峰值往往会出现在刷职称文件时，而非实际做研究的过程中。这种数据可视化能帮你精准打击焦虑源。

案例中的小吴在经历了两年的迷茫后，逐渐找到了自己的节奏。他通过努力申请到了一个国家青年基金项目，收入有了显著的提高。同时，他把更多的精力放在教学上，和学生们的互动让他感受到了职业的意义。他说：“我曾经也羡慕那些在企业工作的同学，但现在我明白了，每个人都有自己的节奏和价值。既然我选择了教育，就要用心走下去。”

焦虑不可怕，可怕的是让焦虑控制了你。焦虑从来不是我们的敌人，而是未被解码的成长信号。就像古茶树在岩缝中积蓄的芬芳，那些辗转反侧的夜晚，其实是在酿造独特的学术佳酿。下次当熟悉的焦虑感再涌上心头时，试着对它说："老朋友，你又来提醒我突破舒适区了?"

第二节 重燃激情：中年教师的"中椒"危机与职业倦怠

一、"中椒"危机

"中椒"是指高校中年教师。相比"青椒"，"中椒"在科研圈的处境往往更加艰难。许多高校教师从青年时期起便承担繁重的教学与科研任务，直至中年，论文发表的压力、课题申报的无奈、职称评定的受阻、收入增长的缓慢，成为他们的普遍困境。这一群体多为三四十岁的教师，在职业发展停滞的同时，还要面对家庭责任与健康问题的多重压力。

案例：四战国自科——"中椒"高博士的无尽拉锯战

高博士今年40岁出头，是一名普通高校的中年教师，科研圈中的典型"中椒"。今年是他第四次申请国家自然科学基金面上项目。为了这次申报，他连续3个月几乎没有休息，将全部精力都投入申报书的撰写和完善。然而递交申请后，他感受到的不是轻松，而是失落和空虚。

高博士研究的人工智能领域竞争异常激烈，随着大量海外高水平人才的回流，学科整体水平不断提升，科研环境愈发内卷。国家自然科学基金委的数据显示，2024年面上项目的资助率不足12%，意味着每8位申请者中，只有一人能够获得资助。这种低概率让高博士倍感压力，他自嘲道："感觉今年依然还是炮灰。"

对于像高博士这样的普通高校教师来说，科研经费问题始终是一座难以翻越的大山。如今的科研工作几乎是一场烧钱的竞赛，几百万元的大型项目对个人而言几乎遥不可及，申报难度高且需要团队协作。而国家自然科学基金的面上项目，五六十万元的资助虽不算丰厚，却已是许多课题组维持基本运转的关键保障。相比之下，省级项目的经费往往仅有十万元左右，难以支撑长期研究。

然而，随着国家自然科学基金项目资助总额未见显著增长，资助率却逐年下降，高博士和他的同行们不得不在更加激烈的竞争中拼尽全力。如今的国家自然科学基金申报早已从学术比拼演变成了“拼刺刀”的肉搏战。

“中椒”肩负着科研、教学、家庭的多重责任，资源却往往有限。他们深知自己已没有太多试错的时间，却依然渴望突破。案例中高博士的故事正是这个群体的缩影，4 次申请国家自然科学基金，3 个月挑灯夜战，最终却换来失落与空虚，这种科研困境似乎是一场无解的博弈。但我想告诉每一位“中椒”，困境并非绝境，方法总比问题多。

（一）从孤军奋战到团队协作——科研不必独自攀登高峰

科研从来不是一个人的独奏，而是一场交响乐。很多“中椒”习惯了单打独斗，却忽略了团队的力量。与其困在实验室里孤军奋战，不如主动寻找志同道合的伙伴，组建一个高效的科研团队。

团队的核心在于优势互补。你擅长实验设计，就找一个数据分析高手；你精通理论研究，就与实践能力强的同事合作。一个人可能很难申报到几百万元的大项目，但一个团队的力量就可以让不可能变成可能。请你记住，单打独斗是科研的初级阶段，团队协作才是科研的高级形态。

此外，不妨尝试跨学科合作。很多学科的交叉地带是研究的无人区，竞争相对较小，成功率更高。例如，生命科学与人工智能的结合，教育学与大数据的交叉，这些都可能成为新的突破点。科研不只是攀登一座高峰，而是找到适合自己的路径，发现一片新的天地。

（二）从埋头苦干到抬头看路——选择比努力更重要

科研的成功不仅靠努力，更靠方向的选择。很多“中椒”在科研中陷入了惯性思维，习惯于沿着过去的研究方向埋头苦干，却忽略了研究领域的前沿动态。

在选择研究课题时，不妨多问自己几个问题：这个方向是否有清晰的学术价值？是否有实际应用的潜力？是否符合当前的政策导向？例如，近年来国家对“双碳”目标、人工智能、生物医药等领域的支持力度加大，选择这些方向的课题往往更容易获得资助。

此外，还要学会关注政策文件和申报指南中的关键词。例如，国家自然科学基金的申报指南中哪些领域被列为优先资助方向？哪些关键词出现的频率更高？这些信息背后往往隐藏着科研资助的风向标。科研不是盲目努力，而是精准发力。

（三）从短期成果到长远布局——科研需要耐心与积累

科研是一场马拉松，而不是百米冲刺。很多“中椒”因为感受到时间的紧迫，便容易陷入急功近利的误区，过于追求短期成果，却忽略了长远布局。

科研的积累离不开一个长期稳定的研究方向，需要选择一个自己真正感兴趣的领域，深耕细作，而不是频繁更换研究方向。学术界有句话：“一流的学者做一流的问题，三流的学者做三流的问题。”一流的问题往往需要长期的积累和深度的思考。

此外，不要低估小项目的价值。很多“中椒”一心想着拿国家自然科学基金的大项目，却忽略了地方项目和企业合作项目的潜力。虽然这些项目的经费较少，但它们可以为你的研究积累数据、发表论文，甚至成为申报大项目的前期基础。科研的成功往往是从一个个小目标开始的。

（四）从焦虑内耗到自我赋能——科研需要健康的心态

科研的过程注定充满失败与挫折，但失败与挫折并非终点，而是进步的起点。很多“中椒”因为几次申报失败而陷入自我怀疑，甚至对科研失去兴趣。事实上，成功的科研人往往是那些能够从失败中吸取教训的人。

在每一次申报失败后，不妨认真分析评审意见，找出自己的不足之处。是研究设计不够严谨？是创新性不足？还是申报书的表达不够清晰？将这些问题逐一改进，你的下一次申报成功率就会更高。

同时，学会调节自己的情绪。科研需要专注，但也需要适当的放松。不要把所有的时间都花在实验室里，适当运动、陪伴家人、与朋友交流，这些都是减轻压力的重要方式。科研是一场持久战，只有保持良好的心态，才能走得更远。

（五）从被动等待到主动出击——资源需要主动争取

高校的资源分配从来不是平均主义，更多时候需要你主动争取。不要等待领导发现你的价值，而是主动展示你的成果与潜力。例如，定期向学校提交科研进展报告、积极参加学术会议、与校内外的专家建立联系，这些都是提升自己影响力的有效方式。

此外，不要忽视与企业合作的机会。很多企业愿意资助高校教师的研究，只要你的研究方向与企业的需求相契合。与其等待国家基金的资助，不如主动寻找企业的支持。科研资源并不局限于学校和国家，社会的力量同样可以为你所用。

（六）从单一目标到多元发展——科研之外亦有天地

科研虽然是高校教师的重要任务，但它并不是唯一的价值体现。很多“中椒”在科研受挫时，往往会感到迷茫，甚至失落。其实，教学、社会服务、科普写作等，同样是高校教师价值的重要体现。例如，将自己的研究成果转化为通俗易懂的科普文章，既可以扩大社会影响力，也可能为科研带来新的灵感。或者通过教学与学生互动，激发新的研究思路。科研之外的天地同样可以为你的职业发展增添色彩。

在科研的道路上，像案例中高博士遇到的那些困境并不少见，但困境背后也蕴藏着成长的机会。每一次失败都是在磨砺你的意志，每一次挑战都是在提升你的能力。作为一名“中椒”，你需要的不仅是努力，更是智慧，不仅是坚持，更是方法。

案例：降级危机——“中椒”何博士的生存困境

何博士是80后，7年前以人才引进的身份回国，成为某高校的校聘副教授。这个头衔看似光鲜，但实际上只是一个虚名，并没有正式职称，与国内高校通过评聘程序获得的副教授身份完全不同。虽然没有“非升即走”的硬性淘汰压力，但校聘副教授的续聘条件依然苛刻，背后隐藏着巨大的不确定性。

回国后，学校提供了一定的启动经费，帮助何博士组建实验团队，启动科研工作。经费虽说相对充裕，但考核任务书中明确要求，他必须在聘期内主持一项国家级科研项目，否则将无法续聘。除了科研压力，学生的就业率也成了考核的重要指标。学校规定，如果导师所带研究生中有人未能按时就业，下一年度的招生名额将被削减。何博士不仅要为科研成果发愁，还要为学生的就业问题操心。

如今已是聘期的最后一年，何博士依然未能达到考核标准。如果今年再无法通过考核，他将面临从副教授降为讲师的低聘风险。然而，这一降级并非终点。他苦笑着说道：“如果你以为降到讲师就结束了，那就大错特错了，讲师之后还有转岗的可能。”转岗就意味着离开教学科研岗位，彻底失去学术发展的机会。

这份看似稳定的校聘副教授身份背后，是何博士每天如履薄冰的生活现实。他不仅要应对科研和教学的双重压力，还要在考核期限内拼尽全力，避免职业生涯的滑铁卢。

高校的中年教师们常常站在一个十字路口，教学任务繁重，科研压力巨大，职称晋升的“非升即走”政策像一把达摩克利斯之剑悬在头顶。你或许已经在这个岗位上耕耘了十几年，甚至更久，但突然发现自己似乎陷入了一个困境，教学上难以突破，科研上难以出彩，职业发展上难以更进一步。这时你会开始怀疑，是不是自己已经走到了职业生涯的尽头？

二、“中椒”的教学突围

（一）更新教学理念——从传授知识到激发思维

何博士在讲解傅里叶变换时，后排穿棒球衫的男生突然举手提问：“何老师，这个算法能预测股票涨跌吗?”何博士愣住的瞬间，突然意识到自己的知识疆域早已长出青苔。高校教师应及时更新教学理念，采用以学生为中心的教学理念，将课堂的主动权还给学生，教学不仅仅是知识的传递，更是思维的激发。你或许已经习惯了站在讲台上滔滔不绝，但学生们真的在听吗？试着改变一下教学方式，从单向灌输转向双向互动。你可以设计一些开放性问题，引导学生思考。也可以采用案例教学、项目式学习等多元化的教学方法，让学生在参与中学习，在思考中成长。

（二）教学反思——从经验主义到科学探究

何博士在教师休息室遇见了退休返聘的陈教授，向他虚心请教了自己教学中的困惑和无力感，陈教授笑了笑。过了几天，陈教授将自己的手写教案交给何博士，何博士翻开《拓扑学基础》泛黄的纸页，上面有陈教授用红笔标注的课堂突发奇想：“今日讲到连通性，机械系学生问能否解释爱情的拓扑结构，这值得深究，1990 年 3 月 12 日。”教学反思是提升教学水平的重要途径。每节课后，可以花几分钟时间回顾一下课堂上的亮点和不足。可以记录下学生的反应、自己的教学策略是否有效，甚至可以邀请同事来听课，然后让他们给出反馈。通过不断的反思和调整，相信你的教学水平会逐渐从经验主义走向科学探究。

（二）教学创新——从传统课堂到智慧课堂

走廊传来年轻同事的说笑声，他们背着最新款的虚拟现实眼镜走向智能教室。而何博士摸了摸自己用了 7 年的激光笔，金属外壳上还留着学生贴的卡通贴纸，不禁使他陷入了沉思。随着信息技术的发展，教学手段也在不断更新。可以尝试将现代技术融入课堂，比如使用混合式教学、虚拟现实技术等，打造智慧课堂。这不仅能提高学生的学习兴趣，还能让教学课堂更具吸引力。此外，积极报名参加教学创新比赛也是一个很好的二次提升机会。

（四）双向奔赴——不要被教学困住，而要被学生的成长点燃

教学从来不是一场单向的输出，而是一次双向的成长。如果你觉得教学枯燥、重复、毫无新意，那不是因为课堂本身无趣，而是因为你没有找到教学的真正意义。不要把自己局限在“备课—上课—改作业”的循环中，而是要问问自己：“我的课堂能否改变一个学生的未来？”何博士发现女儿用自己废弃的讲义折纸船，他不知道那些公式承载过多少深夜的焦虑。当小船在洗脸盆里晃晃悠悠浮起时，何博士突然理解了为什么达·芬奇要在解剖笔记旁画漩涡，因为所有严谨的知识最终都应该拥有载人远航的浪漫。何博士打开尘封的博客，7 年前写下的教学故事仍有读者留言。最新一条留言是：“老师，当年您说数学是上帝写给宇宙的情书，这句话让我的侄女爱上了理科。”

三、“中椒”的“非升即走”突围

第一把钥匙藏在你的教案里。别急着把教学当作晋升的累赘，试着把每堂课变成微型学术发布会。我认识一位教统计学的老师，去年开始他让学生用短视频分析社会现象，那些 1 分钟视频作业里迸发的创意，后来成了他 3 篇 SSCI 论文的种子。请你记住，教室里的年轻头脑不是评判官，而是你突破思维边界的共研伙伴。

第二把钥匙在实验室的边角料里。别急着删除那些未达到发表标准的实验数据，给它们建个“学术废料博物馆”。材料学院的李教授 5 年前把 326 组失败合金数据整理成共享数据库，现在已经成为该领域内学者经常访问的“失败学圣地”。有时候，研究的价值不在于摘到最高的果子，而在于标记出哪些树枝容易断裂。

第三把钥匙在你刻意疏远的行政楼里。别把事务性工作视为洪水猛兽，教师发展中心的会议记录可能藏着跨学科合作的密码。一位中文系老师在整理教师培训档案时发现了计算机系的老师正在做语言处理模型，现在他们合作的“方言保护数字化”项目已经拿到了国家重大课题。行政事务就像学术界的暗网，表面琐碎却链接着珍贵资源。

第四把钥匙是用学习力对抗中年危机。中年教师的另一个困境是知识老化，很多人在工作十几年后发现自己已经跟不上学术前沿。其实，学习能力才是职业发展的底层逻辑。不要害怕学习新的东西，比如一种新的研究方法、一项新的教学技术，甚至是一个完全陌生的领域。学习不仅能让你保持竞争力，还能让你重新找回对工作的热情。请你记住，学习力才是对抗中年危机的终极武器。

第五把钥匙不妨试试“三三制”突围法。每天规划出 3 个小时做“学术手艺人”，专注打磨核心成果；每周拿出 3 顿饭的时间当“知识游牧民”，去蹭其他学科的讲座；每月预留 3 天当“校园漫游者”，不带目的地观察学生是如何学习的。有一位坚持“三三制”突围法半年的老师说，他在体育馆听到学生讨论直播带货的话术，竟启发他完善了传播学模型的实践框架。

最后送给“中椒”朋友们一句话，中年教师的突围不是和年轻人赛跑，而是把自己变成可生长的赛道。当你开始用研究者的眼光审视困境本身时，那些考评表上的数字就会变成沿途的里程标记，而非终点的审判官。

四、中年高校教师的职业倦怠

案例：倦怠的“温水煮青蛙”

张教授今年 45 岁，已经在高校任教 20 年。他曾经是学院里最年轻的副教授，课堂上激情四溢，科研上也屡有突破。但最近几年，他发现自己越来越提不起劲头，上课成了例行公事，科研项目也停滞不前，甚至连和学生交流都觉得疲惫。他常常自嘲：“我是不是已经躺平了？”张教授的状态正是许多中年教师面临的职业倦怠的缩影。

张教授的状态并不罕见，中年教师往往处于职业发展的“中场”，前有年轻教师的冲劲，后有资深教授的积淀，自己却像被困在一个不上不下的夹层里。教学、科研、行政，3 座大山压在肩头，生活的琐碎也在侵蚀着他们的精力和耐心。

案例中张教授的情况并不是个例，许多中年教师都面临着类似的困境，职业倦怠如同阴霾一般笼罩着他们。中年教师的职业倦怠往往不是突然爆发的，而是像温水煮青蛙一样，悄无声息地侵蚀着我们的热情和动力。教学、科研、行政事务的重复性工作，让我们逐渐失去了新鲜感和挑战感。而家庭、健康、经济等多重压力，又让我们感到力不从心。倦怠并不可怕，可怕的是我们对此视而不见，甚至习以为常。

为什么中年教师容易陷入职业倦怠呢？从心理学的角度来看，当一个人长期从事重复性的工作，缺乏新鲜感和挑战性时，就容易产生倦怠情绪。中年教师在高校工作多年，教学内容和工作模式已经相对固定，很难再激发他们的工作热情。而且随着年龄的增长，家庭和生活的压力也逐渐增大，他们需要在工作和家庭之间寻找平衡，这无疑增加了他们的心理负担。在职业发展方面，中年教师往往已经取得了一定的成就，晋升的机会相对减少，这也让他们感到迷茫和失落。

职业倦怠并非失败的标志，而是成长的必经之路。倦怠的本质是内心的燃料烧尽了，却没有及时补充新的能量。教育工作者的职业倦怠往往源于 3 种错位，即对职业意义的迷失、对自我价值的怀疑、对未来方向的模糊。

倦怠像一个沉默的伙伴，它会悄悄地潜入你的生活，但它的到来并不是为了摧毁你，而是提醒你是时候停下来重新审视自己了。就像一辆车开了太久需要加油和保养，一个人走了太远，也需要回头看看，弄清楚自己究竟想去哪里。

五、中年高校教师的自我重振

那么高校教师应该如何重燃心中热情的小火苗呢？

（一）重新定义工作意义——找到“为什么”而教

每位教师都需要重新问问自己：“我为什么选择了这份职业？”是因为热爱知识，想要传播智慧？还是因为希望通过教育改变学生的命运？找到那个最初的“为什么”，就像在迷雾中点亮了一盏灯。可以尝试回忆自己最初站上讲台的那一刻，或者找出那些曾经让自己感到骄傲的教学时刻。

（二）学会断舍离——聚焦真正重要的事

倦怠的另一个来源是你试图把所有事情都做到完美。中年教师需要学会放下那些非必要的负担，把精力集中在最重要的事情上。例如，可以减少一些无意义的事务，把时间用在更有价值的教学创新上。

（三）建立能量补给站——寻找外部支持

中年教师最大的敌人是职业倦怠。当你觉得自己已经没有动力去教学和科研时，很可能是因为你已经陷入了疲惫的循环。而教师的职业倦怠往往是因为缺乏外界的支持。可以尝试加入一些学术交流小组，与同行分享教学经验。或者通过阅读、旅行、欣赏艺术等方式，寻找新的灵感。可以尝试参加教育主题的论坛，从其他教师的故事中获得启发，以此来重新激发自己的兴趣。“学习是最好的自我拯救。”当你不断地给自己输入新的知识和灵感时，你会发现自己的热情也会随之而来。

（四）给自己设定非职业目标——让生活更有层次感

如果工作占据了你生活的全部，那么倦怠感就会更加强烈。可以尝试培养一个新的兴趣爱好，比如学一门乐器、练习瑜伽，或者参与志愿服务。让生活的多样性稀释工作的单调性。

（五）最重要的是不要忘了热爱

无论是教学还是科研，归根结底，都是一件需要热爱的事情。如果你对自己的工作失去了热爱，那一切努力都会变得毫无意义。你可以试着回想一下，当初为什么选择成为一名高校教师，是因为对知识的追求，还是因为对学生的热爱？

“热爱是最强大的驱动力。”当你重新找回对工作的热爱时，你会发现所有的困难都变得微不足道。因为热爱，你会愿意付出更多的努力；因为热爱，你会找到更多的可能性。

案例：“破茧成蝶”的故事

李教授今年50岁，也曾经历过职业倦怠期。但一次偶然的机会，他接触到了跨学科研究，发现自己对人工智能在教育中的应用产生了浓厚兴趣。于是，他开始自学编程，并与计算机学院的同事合作开发了一款智能教学工具。这项研究不仅让他的科研焕发了第二春，还让他的课堂变得更加生动有趣。李教授的经历告诉我们，中年教师的职业发展完全可以“破茧成蝶”。

职业重振是职业发展的二次生长。中年教师的职业发展并不是一条直线，而是一个螺旋上升的过程。倦怠只是暂时的低谷，而职业重振则是我们重新定义自我、突破自我的机会。正如一棵树，只有在经历风雨后，才能长得更加茁壮。中年教师的职业重振，不仅是对过去的总结，更是对未来的探索。

那么高校教师应该如何拥抱变化，激活自己的第二曲线呢？

（一）跨界学习，拓宽视野

中年教师的优势在于经验丰富，但这也可能限制他们的职业发展。可以尝试跨界学习，比如接触一门新学科、学习一项新技能，这可能会让你发现新的研究方向或教学灵感。

（二）从教书匠到教育家

中年教师的价值不仅在于传授知识，更在于引领学生成长。试着从更高的视角看待自己的职业，比如思考如何培养学生的批判性思维，或者如何将科研成果转化为社会价值。

（三）打造个人品牌

在如今这个信息爆炸的时代，中年教师可以通过写作、演讲、社交媒体等方式分享自己的经验和见解，打造个人品牌。这不仅能提升个人影响力，还能为职业发展开辟新的路径。

第三节　价值焕彩：银发教师的角色转型与升华

案例：李教授的华丽转身

李教授是一位在高校任教多年的老教师，他凭借扎实的专业知识和独特的教学风格，培养了一届又一届的优秀学生。然而随着自己的年龄越来越大，体力和精力都大不如前。李教授意识到自己正面临着职业发展的瓶颈期。经过一番思考，他决定尝试转型，利用自己丰富的教学经验担任教学督导工作。在新的岗位上，李教授充分发挥自己的优势，为年轻教师提供教学指导和建议，帮助他们改进教学方法，提高教学质量。同时，他也从年轻教师那里学到了许多新的教学理念和技术，重新找到了工作的乐趣和价值。

一、银发教师的二次生长

职业生涯的每个阶段都有它的独特使命，银发教师的价值绝不仅限于课堂上的传道授业。如果说青年教师是教学的先锋，中年教师是学术的中坚，那么银发教师的真正价值则在于引路。银发教师的经验和阅历是无价的，可以从讲授者转型为引路人，从单向输出转向陪伴成长。

案例：张教授的育人情怀

张教授是一位德高望重的老教师，在高校从事教学工作已经 30 多年。

在职业生涯的后期，他并没有满足于已有的成就，而是将更多的精力放在了培养年轻教师和传承教育理念上。他主动担任年轻教师的导师，毫无保留地将自己的教学经验和专业知识传授给他们。同时，他还积极参与学校的教育教学改革，提出了许多具有建设性的意见和建议，为学校的发展做出了重要贡献。张教授的育人情怀和奉献精神不仅赢得了学生和同事的尊敬和爱戴，也为自己的职业生涯画上了圆满的句号。

传承是一种责任，也是一种使命。银发教师是学校的宝贵财富，他们拥有丰富的教学经验、深厚的专业知识和高尚的师德师风。在职业生涯的后期，将这些宝贵的财富传承下去，是银发教师的责任和使命。通过角色升华，银发教师可以将自己的人生价值发挥到极致，为学校的发展和教育事业的进步做出更大的贡献。

那么银发教师应该如何进行角色转型呢？

（一）担任青年教师的导师

银发教师可以担任年轻教师的导师，通过一对一或一对多的方式，指导年轻教师如何设计课程、如何应对课堂上的突发情况，为他们提供教学指导、科研建议和职业规划等方面的帮助。在指导过程中，要注重言传身教，用自己的实际行动影响和感染年轻教师，帮助他们尽快成长为优秀的教育工作者。例如，张教授为新入职教师开设教学工作坊，分享自己多年来积累的教学技巧，不仅年轻教师受益匪浅，他自己也重新找到了价值感。

（二）指导教学研究

银发教师可以利用自己丰富的教学经验和专业知识指导年轻学者，帮助他们规避学术陷阱，优化研究思路，成为学校教育研究的学术守护者。可以结合自己的教学实践，开展教学方法、课程设计、人才培养等方面的研究，为学校的教育教学改革提供理论支持和实践经验。例如，张教授参与了几个年轻教师的科研项目，虽然不再是第一作者，但他在项目中的贡献得到了充分认可，他也因此重新融入了学术圈。

（三）传承教育理念

银发教师要将自己的教育理念和师德师风传承下去，可以通过举办讲座、开展学术交流活动等方式，与年轻教师和学生分享自己的教育心得和人生感悟，引导他们树立正确的教育观和价值观。

二、学术传承与跨界融合

案例：学术身份的失重与归属感的缺失

罗教授是一位知名的历史学者，曾经发表过多篇影响深远的论文。但近几年，他发现自己的学术影响力逐渐减弱。年轻学者的研究方法更加新颖，他们的论文更容易在顶级期刊上发表，而他的投稿却屡屡被拒。学术会议的邀请也越来越少，他开始怀疑自己的研究是否还有意义。

罗教授的困境反映了许多银发教师在学术生涯后期的共同问题，他们不再是学术圈的中心人物，这种失落感让他们感到迷茫。

学术的意义不仅在于成果，更在于传承。银发教师的学术价值不仅体现在他们的研究成果上，更体现在他们对学术传承的贡献上。学术是一场接力赛，银发教师的任务是将接力棒交给下一代。

那么银发教师应该如何进行学术传承与跨界融合呢?

（一）撰写回忆录或教学案例集

例如，罗教授决定撰写一本关于自己研究历程的回忆录，他在书中分享了自己多年的研究心得和学术反思。这本书不仅成为年轻学者的宝贵参考资料，还让他重新找到了学术的意义。

（二）尝试跨学科合作

例如，罗教授与一位心理学教授合作，研究历史事件对心理学的影响。他们的跨学科研究得到了广泛关注，为他的学术生涯注入了新的活力。

（三）参与学术社区建设

例如，罗教授担任了一本学术期刊的编辑，为年轻学者发表论文提供帮助。他通过这种方式继续为学术圈做着自己的贡献。

那么银发教师应该如何实现价值升华呢？

案例：王教授的认知重构

60岁的王教授有一天发现自己的学生用人工智能生成了课程报告，于是他自学了神经网络原理，竟然意外发现自己的教学案例成了机器学习模型的优质训练数据。

“不要和年轻人比手速，要和他们拼棋局。”银发教师的优势在于构建知识图谱的能力。当年轻同事追逐技术风口时，你沉淀的学科脉络正是指引迷航的北斗。

（一）逆向学徒制

每周固定两小时学习新技术，同时用一杯茶的时间分享学科发展史。例如，在学完SPSS操作后，可以讲述方差分析背后的学术公案。

（二）记忆晶体化

将教案转化为模块化案例库，用飞书文档创建可溯源的版本树。例如，某位教授通过标注“2008年课堂争议事件”，竟意外促成了跨校研究课题。

（三）错位竞争力

在慕课平台开设《学科冷知识》专栏。例如，有一位哲学教授在慕课平台讲解黑格尔与养生八段锦的时空对话，其播放量突破了百万次。

案例：代际对话的艺术再造

当00后学生问“学这个有什么用”时，请不要背诵培养方案。有一位机械系老教授带着学生拆解网红泡泡机，在齿轮转动间讲解流体力学，课后作业是设计“能让外婆笑起来的机械装置”。

（四）场域构建

在办公室布置“跨代茶话角”，放置历届学生的毕业设计模型。例如，某位导师用学生送的 3D 打印花瓶插野菊花，竟意外促成了工业设计与园艺系的合作项目。

（五）时间魔法

实施“学术生命可视化计划”，用时间轴软件梳理科研轨迹。例如，有位教授发现自己前些年放弃的研究方向正成为当下交叉学科的热点，于是他立即启动了“学术遗产复活计划”。

案例：暮色中的晨光

某位退休教授在校园咖啡馆开设了“知识余温”工作坊，他用退休金购置了 12 个一套的马克杯，杯底印着不同的学术警句。学生们为了集齐一套杯子组团听课，不知不觉间完成了 12 场跨代学术对话。

“真正的讲台不在教室四面墙之间，而在代际目光交汇的刹那。”当银发教授们放下“必须教会学生什么”的执念，转而思考“能与年轻人共同创造什么”时，那些曾被视作负担的人生阅历，会突然化作月光下的溪流，在卵石间折射出万千星辰。

高校银发教师的发展困境是人生旅程中的一个必经阶段。困境不可避免，但每一位银发教师都有能力通过转型和调整，找到新的工作意义和价值。“生命的意义，不在于我们成为什么，而在于我们如何面对变化。”夕阳虽晚，但霞光无限，每一位银发教师都能在职业生涯的黄昏焕发出新的光彩。国家层面也高度关注银发教师的专业价值和经验价值，教育部等十部门启动了国家银龄教师行动计划，银龄教师以到受援高校进行课程教学、教学指导、课题研究、学科建设指导为主，采取传帮带方式，以先进的教学方法和科研理念指导本学科教师做好教学和科研工作。

第四节　转岗拓新：企业转岗教师的适应与成长

一、企业管理岗转高校教师的价值适应

案例：从企业高管到高校讲师的身份迷失

小王曾是某知名企业的高层管理者，年薪百万，拥有多个成功项目的经验。然而因家庭原因，他选择离开企业，转而成为一名高校教师。初入校园，他满怀信心，认为自己丰富的实践经验会使课堂充满吸引力，然而现实却给他浇了一盆冷水。

第一次上课，他精心准备了企业案例，试图用这些“干货”征服学生。然而，课堂上学生们的反应却让他大失所望。有人低头玩手机，有人神游天外，甚至还有人直接质疑他的教学方式“太像开会了”。课后，他收到的评价更是扎心，“老师讲得很厉害，但我听不懂。”“案例很有意思，但和考试没关系。”小王陷入了深深的迷茫，为什么自己在企业里如鱼得水，却在讲台上举步维艰？

企业转岗教师的焦虑往往源于身份的巨大转变，二者的逻辑和生态完全不同。企业讲究结果导向，追求效率和效益，而高校更注重过程导向，强调知识的系统性和学生的接受度，这种文化冲突让许多转岗教师感到无所适从。企业转岗教师常常带着过去的成功经验和职业习惯进入高校，但这些光环在新的环境中可能并不适用，甚至会成为适应新环境的障碍。正如古希腊哲学家赫拉克利特所说：“一个人不能两次踏入同一条河流。”环境变了，规则也变了，唯有放下过去的执念，才能真正融入新的角色。

更深层次的焦虑在于身份认同的迷失。案例中的小王，在企业中是一个被认可的专家，但在高校，他却成了一个新人。这种从权威到学习者的角色转变，常常让人感到挫败。尤其是当学生对教学内容不买账、同行对

教学方法提出疑问时，这种焦虑会被进一步放大。小王的问题在于他试图用企业的逻辑去驾驭高校的生态。他的企业案例虽然精彩，但学生需要的不仅是听故事，更是学方法。他的高效主义虽然在企业中如鱼得水，但在高校中却显得急功近利。适应的第一步是承认高校有其独特的文化和节奏，而不是试图用过去的经验去改造它。

此外，企业转岗教师还面临着教学技能的短板。企业的表达方式更偏向于逻辑性和结果性，而高校教学需要兼顾逻辑、趣味和启发性。如何将复杂的企业经验转化为学生能理解、能吸收的知识，这是一个巨大的挑战。

面对这些困境，企业转岗教师需要从以下 3 个方面入手，逐步实现从职场到讲台的成功转型。

（一）重塑身份认同，找到自己的教学定位

企业转岗教师首先要接受一个事实，即企业的成功经验是你的底牌，但不是你的王牌。在高校，学生需要的不是一个企业家，而是一个引路人。你需要重新定义自己的角色，从经验的传递者转变为知识的启发者。

要学会建立教学目标，明确你希望学生通过课程学到什么，是知识、技能，还是思维方式。还要学会将目标具体化，比如学生能够理解企业战略的基本框架，并能用案例分析实际问题。

结合自己的企业背景，设计适合自己的教学风格。例如，你可以尝试案例驱动教学法，用真实的企业案例引导学生思考，但要注意将案例拆解成学生能理解的知识点。

（二）学习教学技能，掌握讲台语言

企业转岗教师需要认识到教学是一门专业技能，而不仅仅是讲故事。你需要学习如何设计课程、如何与学生互动、如何评估教学效果。

你可以参加高校的教学培训，学习如何编写教学大纲、设计课堂活动。例如，可以尝试翻转课堂模式，让学生课前阅读材料，课堂上进行讨论和案例分析。

企业的表达方式往往偏向于结论先行，而高校教学需要层层递进。你可以通过观看优秀教师的公开课，学习他们如何用生动的语言和逻辑清晰的结构吸引学生。

每节课后，你可以主动收集学生的反馈，了解他们的困惑和需求。例如，可以设计匿名问卷，询问“本节课你最感兴趣的内容是什么?”“本节课你最不理解的内容是什么?”

（三）融入高校文化，建立支持网络

企业转岗教师往往会感到孤独，因为高校的文化和企业的文化截然不同。你需要主动融入高校的学术圈，找到志同道合的同行，建立自己的支持网络。

你可以积极参加学校组织的教学研讨会，与其他教师交流经验。你会发现很多困惑并不是你一个人的问题，而是普遍存在的挑战。

你可以找到一位有经验的高校教师作为你的导师，向他请教教学方法和职业发展建议。

你可以加入与你专业相关的学术社群，了解最新的研究动态和教学资源。例如，可以加入某些在线教学平台，学习其他教师的课程设计。

二、企业专技岗转高校教师的价值适应

案例：唐工的水土不服

唐工在一家知名制造企业干了十几年，技术精湛，经验丰富。当企业转型，他应聘到对口高校担任教师时，满怀憧憬。然而，第一堂课就让他傻了眼。他精心准备的案例，学生们却觉得索然无味，课堂提问时无人应答。课后，他满心失落，甚至开始怀疑自己是否适合当老师。

从企业到高校，就像从陆地跳进海洋，环境、规则、目标都变了。在企业，你靠技术和成果说话；在学校，要靠教学和育人。在企业，你习惯了单向输出，任务明确；在学校，面对的是思想活跃、需求各异的学生，

教学是双向奔赴。这种落差是成长的磨砺，也是蜕变的契机。

案例中唐工的遭遇并不是个例，很多企业转岗教师都面临着类似的困境。他们首先要面对的是教学方法的焦虑。企业转岗教师习惯了用实际案例来讲解问题，却忽略了学生的知识储备和认知水平。他们往往急于把自己知道的所有东西都塞给学生，却没有考虑学生是否能够消化吸收。

那么企业转岗教师应该如何解决这个问题呢？

最关键是要学会因材施教。在备课的时候，要充分了解学生的专业基础和学习能力，从最基础的知识讲起，逐步引导学生深入学习。可以把复杂的案例拆解成一个个小的知识点，结合学生已有的知识体系进行讲解。同时还要多采用互动式教学法，鼓励学生提问、讨论，激发他们的学习兴趣。例如，在讲解一个实际项目时，可以先让学生分组讨论，提出自己的想法和解决方案，然后再进行点评和总结。这样既能让学生更好地理解知识点，又能培养他们的团队协作能力和创新思维。

另外，企业转岗教师还面临着职业发展规划的困惑。他们在企业里有明确的职业晋升路径，而到了高校，却不知道自己该如何发展，是专注于教学，还是专注于科研，或者是两者兼顾，这让他们感到迷茫和焦虑。

对于职业发展规划的困惑，企业转岗教师需要明确自己的职业目标和兴趣爱好。如果自己对教学工作充满热情，并且在教学方面有一定的天赋和能力，那么可以专注于教学工作，努力成为一名优秀的教学名师。如果自己对科研工作更感兴趣，并且有较强的科研能力，那么可以专注于科研工作，争取在科研领域取得突出的成果。如果自己想要两者兼顾，那么就需要合理安排时间和精力，制订科学的工作计划。同时还要不断提升自己的综合素质，包括教学能力、科研能力、沟通能力等。只有这样，才能在高校教师的道路上走得更远、更稳。

案例：从项目经理到大学讲师

小李曾是一家知名企业的项目经理，拥有丰富的实践经验。然而，随着遇到了职业发展的瓶颈，以及对教育事业的热爱，他决定转岗成为一名大学讲师。初入校园，小李发现自己虽然在企业中游刃有余，但在教学和管理学生方面却显得有些力不从心。他面临着如何将企业经验转化为教学资源、如何与学生建立有效沟通，以及如何适应学术环境等多重挑战。

适应是成长的前提，没有适应就没有成长。企业转岗教师首先要认识到从企业到高校的转变不仅仅是工作环境的改变，更是思维方式和行为模式的转变。适应这种转变需要时间和耐心，更需要一种开放的心态和学习的热情。

三、企业转岗教师的适应力培养

那么企业转岗教师应该如何快速适应高校环境呢?

（一）倾听与观察——成为环境的学生，而非评判者

转岗初期，最重要的不是展示自己，而是观察和倾听。案例中的小王后来意识到，他需要更多地了解学生的需求和高校文化。于是他开始主动与学生进行交流，了解他们的学习目标和兴趣点，他还向资深教师请教，学习如何设计课程和组织课堂讨论。倾听是适应的第一步，它可以让你从外来者变成参与者。

（二）重塑教学理念——从传授知识到启发思维

企业讲究授人以鱼，而高校更强调授人以渔。案例中的小王逐渐调整了自己的教学方式，他不再单纯讲述项目案例，而是引导学生分析项目案例背后的逻辑和方法。他设计了许多互动环节，比如让学生模拟项目管理，或者分组讨论某个项目难题。课堂从“我讲你听”变成了“共同探索”，学生的参与度和满意度大幅提升。

（三）平衡学术与实践——找到自己的独特定位

企业转岗教师的优势在于实践经验，但高校对学术研究也有明确的要求。案例中的小王意识到，他需要在学术和实践之间找到平衡。于是他开

始参与一些应用型研究项目，将自己的项目经验转化为学术成果。他还积极与企业保持联系，邀请企业高管来学校做讲座，搭建起高校与企业之间的沟通桥梁。通过这些努力，他不仅赢得了学生和同事的认可，也找到了自己的独特定位。

企业转岗教师还面临着科研压力的困境。在高校，科研成果是衡量教师教学水平和学术能力的重要指标之一。然而，企业转岗教师在企业里主要从事的是实际工作，对科研工作并不熟悉。他们不知道如何选题、如何撰写论文、如何申请科研项目。这就好比一个习惯了在战场上冲锋陷阵的战士，突然被要求坐在办公室里搞战略规划，一时之间手足无措。

那么企业转岗教师应该如何快速突破高校科研压力的困境呢?

要解决科研压力的困境，企业转岗教师需要主动学习科研知识和方法。可以参加学校组织的科研培训课程，向有经验的科研教师请教，学习如何选题、如何设计实验、如何撰写论文等。同时还要结合自己的实践经验，寻找科研的切入点。例如，案例中的唐工在企业里从事的是项目管理方面的工作，他可以针对项目管理领域的一些实际问题进行研究，提出创新性的解决方案。此外，还可以积极参与学校的科研团队，与其他教师合作开展科研项目。在团队中，可以学习到不同的科研思路和方法，提高自己的科研能力。

案例：从迷茫到自信的蜕变

3 年后，小王已经成为学生们最喜欢的老师之一。他的课堂总是座无虚席，学生们评价他的课“既有深度又接地气”。他还出版了一本关于企业管理的书籍，结合了自己的实践经验和学术研究，受到了业内的广泛好评。小王感慨道：“转岗的过程就像一次重生，虽然痛苦，但也让我重新认识了自己。”

成长的关键是找到自己的第二曲线。每个人的职业生涯都有一条第一曲线，它代表着过去的经验和成就。但当环境发生变化时，第一曲线可能会逐渐失效，这时我们就需要找到自己的第二曲线。对于企业转岗教师来说，这条曲线可能是教学能力的提升，也可能是学术研究的突破，或者是高校与企业之间的桥梁角色。只有找到这条曲线，你才能在新的环境中焕发新的生命力。

那么企业转岗教师应该如何找到自己的第二曲线呢？

（一）明确目标——问自己 3 个问题

我希望在高校中实现什么样的价值？我的企业经验如何为高校带来独特的贡献？我需要在哪些方面提升自己，才能更好地适应和成长？通过这 3 个问题，你可以逐渐明确自己的方向。

（二）持续学习——成为终身学习者

高校是一个学习的场所，不仅是学生在学习，教师也需要不断学习。企业转岗教师可以通过参加教学培训、阅读教育学书籍、参与学术会议等方式提升自己的专业能力。学习的过程不仅能帮助你适应新环境，还能让你在成长中找到乐趣。

（三）建立支持网络——找到志同道合的伙伴

转岗的过程并不孤单，你可以寻找志同道合的同事、导师或者校外的同行，组成一个支持网络。通过交流和合作，你可以获得更多的灵感和支持，也能更快地融入新的环境。

从适应到成长是一场内外兼修的修行。企业转岗教师的适应与成长不仅是职业角色的转变，更是一次心灵的修行。它要求你放下过去的光环，拥抱新的挑战；它要求你在适应中找到自己的节奏，在成长中找到自己的价值。转岗的过程虽然充满挑战，但只要你愿意倾听、学习和改变，就一定能在新的舞台上绽放光芒。成长的本质不是成为别人，而是成为更好的自己。

第七章　心理资本：教师可持续发展的保障

心理资本是个体在成长与发展过程中所展现的一种积极心理状态，其研究对于增强个人竞争优势具有深远意义。这一概念根植于积极心理学与积极组织行为学的理论土壤之中，自心理学诞生之初，它便承载着三重使命，即治愈心理疾病、助力心理健康者追求更高层次的幸福，以及深入挖掘人类潜能。心理资本的研究正是对这些使命的现代诠释与拓展，它不仅关注个体的心理健康，更着眼于激发个体的内在力量，以应对复杂多变的社会环境。

第一节　心理适应与职业发展：如水般的适应力量

心理学家沃尔曼将适应定义为一种个人与环境之间的互动关系。在这一过程中，个体通过持续调整自身的心理和生理状态，使其与现实环境保持协调一致，从而实现理解环境、改变环境，以及促进自我发展的目标。

一、工作适应：融入高校的工作环境

案例：从忙乱到有序

李老师是某高校的新晋讲师，初入职场时，他每天都被各种任务压得喘不过气来，备课、开会、科研、学生辅导、社会讲座……他总觉得时间不够用，甚至连吃饭都在想着下一个工作该做什么。结果，李老师不仅工

作效率低下，情绪也变得焦虑不安。有一次，他在办公室里因为一件小事和同事争执起来，事后他才意识到，自己已经被工作压得失去了平衡。

那么高校教师应该如何实现工作适应呢？

首先要明白高校教师的工作不仅仅是教书，这是一份复杂而多面的职业，它涵盖了教学、科研、指导学生、服务社会等多个维度。其中，教学是核心任务，而科研则是我们的灵魂。科研可以让我们保持对知识的敏锐和热情，让我们能够站在学科前沿，为学生带来最新的知识和思想。此外，指导学生不仅是传授知识，更是引导他们成长，帮助他们找到自己的方向。服务社会则是我们作为知识分子的责任，我们不能只生活在象牙塔里，而是要将知识转化为社会的力量。请你记住，高校教师的工作是一场马拉松，而不是短跑。我们不能只看眼前的成绩，而要着眼于长远的发展。适应高校教师的工作首先要明白一个真理，那就是“忙”是常态，但“乱”是选择。高校教师的工作看似自由，但实际上充满了隐性的压力和无形的竞争。你需要学会在多重任务中找到自己的节奏，而不是被外界的节奏牵着走。

其次要认识到高校教师的工作是一场长期主义的修行。教学需要积累，科研需要沉淀，服务需要耐心。短期的焦虑和挫败感是不可避免的，但只有坚持长期主义，才能在这条路上走得更远。

最后，适应高校教师的工作需要一种内外兼修的心态。外在的适应是对任务的管理，内在的适应是对心态的调整。只有内外兼修，才能在繁忙的工作中找到平衡，才能在压力中找到成长的动力。

二、教学适应：让课堂成为知识的乐园

教学是高校教师的核心任务，但也是最容易让人感到疲惫的部分。如何让课堂变得有趣、如何让学生爱上学习，这是我们需要思考的问题。高校教师的角色本质是知识折叠师，要把经年累月垒砌的学术高塔折叠成能

装进学生口袋的思维地图。

那么高校教师应该如何实现教学适应呢？

（一）知识重构手术

把你的核心研究课题切成“知识寿司”。例如，如果你是研究纳米材料的，那么不妨尝试从唐三彩釉料中解读现代陶瓷涂层技术，把实验室数据变成穿越千年的化学对话。请你记住，备课时应带着游客思维，想象是在带着学生游览你的学术花园。

（二）课堂能量监测仪

在讲台放一个迷你沙漏，每 15 分钟转换一次教学形态。前段使用“侦探模式”，抛出悬疑问题；中段切换“工匠模式”，示范思维工具；末段转换“禅师模式”，引导学生顿悟。

（三）学术反哺装置

把教学中的困惑转化为科研种子。例如，一位教统计学的老师从学生理解置信区间的障碍中发现了可视化算法的改进方向，最终他的研究成果发表在了教育杂志上。请你记住，讲台不是擂台，而是苗圃，今日埋下的问题很可能会在明天开出学术之花。

最后送给教师朋友们 3 个备课小技巧。

“咖啡备课法”，用早晨等咖啡机萃取的 180 秒，在手机备忘录写下 3 个今日课堂的必问问题。

“错位演讲术”，把自己的专业报告讲给学校的同事听，用他们的皱眉次数检测知识转化率。

“教学日志”，每晚用语音备忘录输入 3 句课堂对话，周末用词云软件分析高频疑问点。

三、学习适应：持续学习与知识更新

案例：让学习成为一种生活方式

张教授是一位资深教师，但他发现自己在学术领域逐渐有点跟不上年轻人的步伐了。在一次学术会议上，他听到同行们在讨论人工智能在教育中的应用，却完全插不上话。回到学校后，他开始尝试学习相关知识，但总觉得力不从心，甚至怀疑自己是否还有学习的能力。

学习适应的关键在于转变心态，从“我要学”变成“我想学”。高校教师的成长离不开终身学习，但学习的本质并不是为了追赶别人，而是为了让自己保持思想的活力和对世界的好奇心。学习不是负担，而是生活的一部分，是一种让人焕发新生的力量。

高校教师的学习不是单线程的知识积累，而是一场多维度的认知革命。教师的知识储备、教学技能与科研能力构成三维坐标轴，唯有同步迭代才能形成真正的竞争优势。真正的学习不是填鸭式的知识囤积，而是智慧生态系统的构建，就像热带雨林般具有自生长能力。

那么高校教师应该如何实现学习适应呢?

（一）时间维度——碎片拼图术

高校教师常常会陷入“时间贫困”的困境，但真正的学习高手懂得将时间揉碎重组。建议你可以尝试“三明治学习法”，早晨用 30 分钟深度学习专业前沿，中午用 15 分钟跨领域泛读，睡前 20 分钟教学反思。某高校教师用这一方法 3 年完成了从讲师到博导的跃迁，其秘诀是“把学习变成呼吸，而非任务”。

（二）空间维度——跨界枢纽站

打破院系壁垒，构建“知识 T 型结构”。例如，纵向深耕专业领域，横向嫁接教育学、传播学、脑科学。又例如，每月参加一次跨学科午餐会，与艺术系讨论课堂戏剧化设计，与计算机学院探讨人工智能助教系统。某教学团队通过这种知识嫁接，开发出了融合虚拟现实技术的分子生物学课程，并斩获了国家级教学成果奖。

（三）认知维度——元学习脚手架

建立个人认知升级路线图。第一步，用康奈尔笔记法解构经典文献；

第二步，通过思维导图建立知识连接；第三步，设计认知冲突问题，比如GPT时代如何重构论文评价体系。某教授独创了“三棱镜学习法”，即每个新知识必须折射出教学、科研、社会服务等3个应用场景。

（四）关系维度——学术共生体

组建成长型学习社群，实施“3×3互助计划”。3位不同学科的伙伴每月交换3本专业书籍，开展3次主题对谈。某高校教师联盟的“知识盲盒”活动颇具创意，每个人匿名提交专业难题，随机抽取后跨界研讨，这种“思维蹦极”往往能够催生创新成果。

这场学习进化之旅没有终点，只有连绵不断的风景。当你把成长本身当作目的，那么所有的知识碎片都会自动聚合成璀璨的星图。正如那位用10年时间从普通讲师蜕变为长江学者的教授所言：“教育者的伟大，不在于所站讲台的高度，而在于永不停歇的攀登姿态。”

四、生活适应：平衡工作与生活艺术

案例：生活的风筝线到底攥在谁的手中？

某高校的小张老师是个工作狂，一心扑在工作上，导致他忽略了家庭和自己的生活。结果不仅身体出现了健康问题，家庭关系也变得紧张。这个故事让我们明白，工作固然重要，但生活同样不可或缺。

每一位高校教师都像一只翱翔的风筝，科研是气流，教学是骨架，而生活则是那根看似轻盈却至关重要的牵引线。学术生涯的垂直通道往往要求我们多劳多得，但如若只盯着职称晋升的标尺，那么人生的天平难免会出现倾斜。有人熬成教授后仍困在“996”的隐形牢笼里，有人在论文与家庭的夹缝中焦虑失眠。

角色冲突理论告诉我们，教师既是知识创造者、学生引路人，也是家庭支柱、自我开发者。当教学、科研、行政这3座大山挤占私人时间时，人的生理节奏与心理能量必然失衡。

那么高校教师应该如何实现生活适应呢？

（一）时间配置的艺术

细化工作颗粒度，将科研、教学、生活模块化。例如，设定黄金三小时，专注于核心论文写作，其余碎片时间处理邮件或备课。

拒绝伪忙碌，警惕用战术勤奋掩盖战略懒惰。例如，每周留出半日空白时间，用于阅读非专业书籍或冥想。

家庭时间神圣化，像守护学术会议一样守护亲子时光。例如，某高校教授的自创秘诀是晚餐的饭桌上不谈论文，只聊诗词。

相关研究发现，女性教师因传统性别角色更易牺牲个人时间，需主动协商家庭分工，男性教师则需警惕以事业为名逃避情感责任。

（二）能量管理的科学

建立能量补给站，将健身、绘画等爱好纳入日程表，而非等有空再做。例如，某高校青年教师利用业余时间组建了摇滚乐队，结果发现音乐可以更好地激发自己的跨学科思维。

善用导师制红利，主动寻求资深教师的指导，避免在课题申报、课堂设计等方面的重复试错。

打造最小幸福单元，每天记录 3 件“小确幸”，以此来对抗职业倦怠。正如积极心理学所讲：微小的正向累积能重构认知滤镜。

（三）人际生态的重构

同事关系，和而不同。避免陷入“非合作即竞争”的误区。某位学者曾说过：“与竞争对手喝咖啡，比自己一个人关起门来搞研究更容易触发灵感。”

师生关系，边界意识。规定课后的答疑时段，既能保护私人时间，也能训练学生自主解决问题。

家庭关系，共绘愿景板。与伴侣定期讨论 5 年规划，让事业发展与家庭成长同步。相关调研显示，确立共同的目标能降低 33％的家庭冲突。

（四）制度突围的智慧

巧用“非升即走”缓冲期，将准聘期视为能力储备期，而非单纯的考核倒计时。例如，某高校教师通过参与跨校项目，既完成了考核，又拓展了人脉。

拥抱动态平衡观，接受某些阶段教学优先、某些阶段科研优先、某些阶段家庭优先的生活状态。例如，某位哲人曾说过：“弹性，是智者的铠甲。”

五、职场适应：多重角色的丝滑转换

案例：角色转换的困境与突围

站在教室门口的新入职教师小杨，紧握教案的手渗出细密的汗珠。他刚在顶级期刊发表了一篇论文，此刻却像初入实验室的本科生般局促，这种割裂感正是职场适应期的典型症状。正如社会角色理论所讲，当个体需要同时扮演学者、教师、行政人员等多重身份时，若角色脚本模糊、资源分配失衡，就会触发职场适应不良。

正如美国心理学家爱德华·德西的自我决定理论所讲，当教师对职业的自主感、胜任感、归属感形成动机金三角，那么适应期的迷雾自会消散。就像移植的树木需要新根系，职场适应不是被动接受环境，而是主动构建与组织生态的共生关系。

那么高校教师应该如何实现职场适应呢？

（一）搭建脚手架式的支持系统

建立“3T”人际网络，即教学导师（Teaching Mentor）、科研伙伴（Team Partner）、时间大师（Time Manager）。例如，某高校的“青椒咖啡时间”项目显示，每周与资深教师共饮咖啡 45 分钟，可使职业适应效率提升 37％。

创建认知补给站，使用 Obsidian 软件建立跨角色知识图谱，将备课笔记、科研灵感、行政备忘等编织成可检索的思维网络。

（二）实施模块化角色拆解术

教学角色：采用“三明治反馈法”，每节课录制5分钟教学切片，先自评亮点，再请学生用便利贴书写“最闪光的1分钟”，最后与导师讨论改进空间。

科研角色：设定“学术心跳”节奏，比如每周二上午雷打不动的文献时间，沉浸于浩如烟海的文献之中，追踪前沿成果，挖掘潜在的研究空白。

行政角色：制作“决策流程图”，将会议、报销、填表等事务性工作转化为标准化操作指南，像实验室操作手册般清晰明确。

（三）构建认知弹性防护网

践行“5%可能性法则”，当遭遇挫折时，写下“即使只有5%的成功概率，我也要尝试的3种微行动”。例如，某青年教师用这个方法3个月内将基金申报书修改了21稿，最终获批。

建立“成长型对话模式”，把“我做不到”转换为“我暂时还没找到方法”，将“这个评审不公平”改写为“我的研究呈现方式需要迭代”。

（四）设计螺旋上升目标链

采用“望远镜”与“显微镜”的双重视角，设定5年后的理想画像（望远镜），再拆解出季度成长主题（显微镜）。例如，本季度聚焦课堂提问艺术，下季度攻克基金申报书写作。

实施成果可视化工程，使用Notion软件建立动态成长看板，将教学评估、论文引用、学生反馈等数据转化为可触摸的成长曲线。

案例：王老师的职场小妙招

某省教学竞赛特等奖得主王老师分享了她的职场小妙招。她将每周五下午设定为角色过渡仪式时间，用15分钟的泡茶焚香来完成身份转换。闻茶香时清空科研思维，观茶烟时酝酿教学灵感，品茶味时梳理行政事务。这个充满东方智慧的小仪式让她的工作效率提升了40%。

师者当如竹，既要有向下扎根的定力，又需具备节节攀升的韧性。职场适应不是妥协的艺术，而是认知重构的修行。当你把多重身份转化为成长维度，那些曾令你焦虑的角色冲突，终将化作托举你翱翔学术天际的气流。

六、社会适应：构建社会支持网络系统

案例：在象牙塔与烟火人间之间游走

清晨的校园露台上，年轻教师小林正在与资深教授任教授对坐饮茶，二人在晨雾氤氲中展开对话。

“任老师，您见过晚上 10 点钟的教务处走廊吗？”小林手中转动着茶杯，白瓷杯沿映出她泛红的眼圈，“上周我去送材料，感觉整个走廊的声控灯都认得我的脚步声了。”

任教授往小林的杯里续了些茶水，问道：“新买的皮鞋不合脚？”

“是排课表。”小林苦笑着蜷起脚尖，“我想把文学创作这门课安排在上午的黄金时段，结果发现所有好的时段早都被前辈们挑走了。更糟的是，当我试图找系主任商量时……”她模仿着对方拖长的语调说道：“小林啊，年轻人要多体谅老同志嘛！可我的学生下午都在课堂上打瞌睡！”

银杏叶飘落在茶盏旁，任教授忽然问道：“你看过京剧《锁麟囊》吗？薛湘灵在出嫁时将装满珠宝的锁麟囊赠予了贫寒女子赵守贞，当她落难时，发现此举竟然救了自己的性命。”见小林听后一脸的疑惑，他轻叩石桌说道：“上周三你上完课，是不是有学生追到办公室讨论余华的新书？昨天食堂打饭，王师傅是不是多给你盛了半勺排骨？”看着对方瞪大的眼睛，任教授笑了笑，说道：“好时段像瓷器，端着怕摔，真功夫是活水，随处流淌。”

“那行政事务呢？”小林翻出手机备忘录，说道：“上周我跑了 6 趟财务处，可是报销单还是被退了回来。报销单上的备注写的是差旅费说明未按规范填写，他们是在训练特工吗？”

“记得你读书时参加的定向越野吗?”任教授从公文包里拿出泛黄的笔记本，“这是我2018年的报销单，当年被退回来了7次。”泛黄的纸页上，不同颜色的批注意见组成了时光的年轮。小林听后扑哧笑出声，问道：“您也有这种时候?”

“那时我赌气，在报销单的背面写了一首打油诗，结果被老会计逮了个正着。”任教授眼里闪着狡黠的目光，“结果你猜怎么着？他教我画报销流程图，还悄悄告诉我哪个窗口的印泥干得快。”他推了推眼镜，继续说道：“流程制度就像榕树的气生根，看似错综复杂，实则每条都支撑着整体结构。”

小林若有所思地望向操场，晨跑的学生正掠过跑道。“那学生管理呢?昨天的课堂上有人公然说‘老师讲的这些找工作用不上’，我当时就像被按下了暂停键。”

“来，尝尝这个。”任教授推过一碟薄皮核桃，说道：“上个月有一个学生交的作业把《百年孤独》写成了家族企业传承史。”看着小林惊讶的表情，他眨眨眼，继续说道：“我在评语里写‘建议补充魔幻人力资源部章程’，结果第二天他就带着两万字的设定来找我了。”小林吃了一口核桃，说道：“所以您是说……”

“教育不是单方面的知识输出，而是双向的成长共鸣。”任教授收起桌上的核桃碎壳，“就像这核桃，硬壳里裹着的是活生生的好奇心。上周你说想组建读书会，那就试试把招新海报贴在小吃街的奶茶店里，记得用上学生喜欢的表情包字体。”

阳光穿透晨雾，小林的手机突然振动了一下。她瞥了一眼手机屏幕，说道：“是那个说课堂知识没有用处的学生，问能不能参与我的科研项目……”她抬起头时，发现任教授正在便笺上画着什么。

“这是我刚入职时老校长送我的。”他递过便笺，上面画着一个歪歪扭扭的天平，一端写着“理想”，另一端写着“报销单”“课表”“学生评教”，支点的位置写着“三年后见”。小林小心翼翼地收起便笺，说道：

“所以这一切……”

“都是种子破土时必经的阵痛。”任教授起身拍拍衣裳，“20 年前我在这里埋下过时间胶囊，你要看看吗？”他指着露台东南角的梧桐树，说道：“里面有我第一堂课的教案，有被批得‘满江红’的论文，还有 3 张没报销成功的票据。”

两人走向树荫时，晨钟恰好敲响。小林忽然说道：“任老师，下次教研会我能坐您旁边吗？我想学学怎么把退稿信折成纸飞机，上次看到您办公室窗台上停着一队呢！”

社会适应不是逃离象牙塔，而是架设连接学术与现实的桥梁，让知识在双向流动中焕发活力。

那么高校教师应该如何实现社会适应呢？

（一）角色理论的隐喻剧场

高校教师的最高境界是既能站在云端思考，又能贴着地面行走。社会角色理论如同一面多棱镜，映照出高校教师的生存现状。我们既是讲台上的知识布道者，又是学术江湖的追光者；既是象牙塔里的思想者，又是烟火人间的参与者。某位哲学系教授曾自嘲：“周一的我在国际论坛谈海德格尔，周二的我在社区调解邻里纠纷，周三的我在家长会被班主任训话。”这种角色切换的荒诞与真实，恰是现代高校教师的生存寓言。

（二）自我决定理论的能量密码

自我决定理论揭示了解决教师职业倦怠的方法，即当我们把外部期待转化为内在认同时，职业压力就会变成成长养分。高校教师需要在学术追求、社会服务、个人生活之间找到动态平衡点。请你记住，真正持久的动力永远来自对教育事业的深层价值认同。

（三）心理弹性的太极哲学

面对社会期待的千钧之力，不妨修炼中国太极的化劲智慧。积极心理学中的心理弹性理论强调，适应不是硬碰硬的对峙，而是柔韧的顺势而为。就像毛竹在风雨中弯曲蓄势，橡树在飓风里折断腰肢，高校教师要学会在坚持与妥协间找到那个微妙的临界点。

最后送给各位教师朋友们一份社会适应的四维实践地图。

（一）角色坐标系绘制法（三步建立身份锚点）

（1）在A4纸上画出X轴（专业领域）和Y轴（社会需求）。

（2）标注你的5个核心角色，比如研究者、教育者、咨询专家、公共知识分子、家庭成员等。

（3）用不同颜色标出每个角色的能量消耗与价值产出区。

例如，某高校教师通过这个方法发现，花费70%的精力追求“学术明星”人设，实际只能带来30%的职业满足感。经过调整后，他把40%的精力投入擅长的科普写作，反而获得了学术影响力和公众美誉度的双丰收。

（二）专业能量金字塔建造术（三层价值转化模型）

（1）基础层，教学科研硬实力，你的学术护城河。

（2）中间层，社会服务软实力，比如政策咨询、科普传播、文化传承等。

（3）顶层，思想引领元能力，塑造公共话语体系。

例如，某高校教授既在量子反常霍尔效应领域取得了突破，又通过获得未来科学大奖推动了公众科学素养的提升，完成了从科学家到科学传播者的完美跃迁。

（三）社交货币兑换策略（三种跨界对话术）

（1）学术黑话翻译术，把“异质结钙钛矿”转化为“更高效的太阳能电池”。

（2）故事思维包装法，用抗流感故事讲解病毒传播模型。

（3）价值嫁接艺术，将古籍校勘经验转化为企业档案管理方案。

例如，某历史学教授为企业家开设《资治通鉴》领导力课程，年收入超过科研经费，还意外收获了跨学科研究灵感。

（四）心灵减震器养护指南（抗压四象限法）

（1）紧急重要区，建立学术成果“应急储备粮”。

(2) 重要不紧急区，每天进行 15 分钟的行业动态扫描。

(3) 紧急不重要区，培养得力的研究生团队。

(4) 不紧急不重要区，学会对非核心事务说“不”。

例如，某位长江学者在书桌上摆着两个沙漏，红色沙漏提醒他“深度工作时间”，蓝色沙漏则记录他的“社会服务时长”，用物理边界守护心理空间。

社会适应的终极修炼。每周保留半日“白袍时间”，像中世纪炼金术士般守护纯粹的求知欲；每月安排两次“跨界漫游”，在艺术馆、科技园区、市井巷陌中捕捉思想火花；每年完成一次“社会镜像测试”，通过学生评价、同行评议、公众反馈等方式校准人生坐标。

请你记住，社会适应不是被动妥协，而是主动创造属于高校教师的新型生存范式。当你在学校实验室和街头咖啡馆之间自如游走时，那些曾经困扰你的适应焦虑终将化作滋养教育生命的沃土。

第二节　自我意识觉醒：开启职业幸福的大门

一、职业身份重构：深化对教师职业的认知

(一) 本我—自我—超我的学术角色平衡术

心理学系的林教授在校车上聊天说起自己最近的状态：“每次站在讲台上就像打了鸡血，改作业时又变成苦行僧，写论文时仿佛被学术之神附体。”这番话让我联想到弗洛伊德人格结构理论在高校场域的生动投射，教学激情是本我在知识海洋里的冲浪，职业规范是自我在制度框架中的走钢丝，学术理想则是超我在真理星空下的朝圣。这 3 个角色如同三原色，调和得当便能绘出绚丽的学术人生图景。

案例：驯服火山——教学激情的艺术

青年教师小李每周会花 20 个小时的时间打磨课件，他在课堂上激情澎湃的演绎常让学生如痴如醉。但期末教学评估时却因未按时提交成绩、忽略科研指标而被约谈。一时间，小李像被一盆冷水浇灭了火焰的篝火。本我型教师常会陷入一个误区，以为教育是火山喷发式的自我感动，而忽略了教育应该是有节制的能量传递。就像古希腊神话中的伊卡洛斯，飞得离太阳太近反而会坠落。

那么高校教师应该如何管理教学激情呢？

1. 时间块管理

将教学准备控制在“黄金两小时”，用沙漏进行倒计时，从而使自己保持专注。

2. 能量转化术

把课堂的即兴灵感进行即时录音，并转化为教学案例或科研素材。

3. 镜像反馈法

每月随机邀请学生共进午餐，在非正式场合收集学生对教学效果的真实反馈。

案例：走稳钢丝——考核指标的平衡术

经济学院的张教授在完成基本课时后，利用剩余时间参与校企合作项目，既完成了横向课题指标，又积累了大量的实证数据。高校教师要在年终考核时保证教学、科研、服务等 3 项指标均衡发展，就如同平衡木上的优雅体操选手。

那么高校教师应该如何应对各项考核呢？

1. 指标拼图游戏

将各类考核要求拆解成可拼接的模块，比如把备课笔记转化为教学论文素材。

2. 能量循环系统

建立“教学—科研—服务”能量转化模型，比如将学生调研数据用于纵向课题申报。

3. 制度翻译术

把冰冷的行政文件转化为个人发展路线图，比如将坐班时间转化为师生深度交流时段。

案例：仰望星空——学术理想的保鲜

历史系王教授坚持10年研究冷门方向。在此期间，通过开设通识课吸引跨学科学生组建研究小组，王教授最终在数字人文领域取得突破。他的书架上摆着两盏台灯，一盏照着古籍，一盏照着电脑屏幕上的数据可视化模型。

那么高校教师应该如何处理学术理想呢？

1. 理想分形术

把宏大目标分解为可触摸的阶段性成果，比如将著书计划拆解成系列论文。

2. 跨界嫁接法

在专业课中植入三分之一的前沿探索内容，既可以完成教学任务，又可以培育学术试验田。

3. 精神镜像房

建立包括往届学生、跨学科学者的“思想共振小组”，定期举办非正式学术沙龙。

案例：三重奏的平衡美学

某天傍晚，我看见文学院的周教授在操场边慢跑边用蓝牙耳机听着学生论文的语音反馈，运动手环记录的不只是步数，还有灵感迸发的时刻。这让我想起古希腊的三柱式建筑，多立克柱的务实（自我）、爱奥尼柱的灵动（本我）、科林斯柱的华美（超我），这些共同支撑起学术圣殿的穹顶。

最后送给教师朋友们3句平衡心法：每周保留半天“学术放空日”，让3个角色在留白中自然对话；准备3个不同颜色的笔记本，分别记录教学火花、行政备忘和学术灵感；在办公室挂一幅水墨山水画，时刻提醒自己学术人生需有险峰的锐气，也要有云雾的柔韧。

教育的真谛或许就藏在这三重身份的共舞中，当我们不再撕裂自己成为单方面的“学术工具人”，就能在传道、授业、解惑的循环里触摸到生命与学问共同生长的美妙韵律。

（二）学术身份的多重面具——角色冲突的认知解构

案例：在多重宇宙中优雅转身

凌晨2点，张教授在办公室揉着太阳穴。备课PPT停留在第三页，桌角堆着待审的科研经费报表，手机屏幕还亮着国际期刊的审稿邀请。她忽然想起明天上午还要主持系里的教学改革会议，而自己的国家课题结项截止日就在下周。咖啡杯沿的口红印早被纸巾抹得斑驳，就像她此刻支离破碎的学术身份。

高校教师的三重角色就像3种不同的语言系统，教学需要春风化雨的感性叙事，科研依赖周密严谨的逻辑推演，行政事务则讲究平衡妥协的生存智慧。当我们用“分身乏术”形容这种困境时，其实已经掉进了非此即彼的思维陷阱。就像量子物理中的叠加态，多重身份本可以和谐共生，关键在于建立认知的薛定谔盒子。

那么高校教师应该如何平衡不同角色间的冲突呢？

（一）角色调色盘技术

每天清晨用3分钟完成“身份显影仪式”，左手握粉笔，感受课堂的温度，右手敲击键盘，捕捉科研的节奏，最后用钢笔在会议本上画一道金线。这不是割裂的3种人生，而是同一幅学术画卷的3种颜料。尝试将行政会议转化为田野观察，把学生提问当作论文灵感触发器，你会发现行政事务里藏着管理学的实证样本，教学现场流动着鲜活的教育人类学数据。

案例：李教授的意外发现

李教授在实验室指导学生时突然接到紧急会议通知，她匆匆走进会议室，衣袖上还沾着离心管的冷凝水。当讨论到本科生实践基地的建设方案时，她突然发现这个行政议题完美契合了自己正在攻关的横向课题。那天晚上，她在工作笔记上写下：“原来我的三重身份共用着同一套神经网络。”

心理学家发现，大脑处理不同任务时并非更换“身份芯片”，而是调整神经回路的激活模式。就像钢琴家能在黑白键上自由切换和弦，关键在于建立认知踏板，即那些能贯通不同角色的思维转换器。当我们不再用教学时间、科研时间来切割生命，而是培育学术生长时间时，每个身份都会成为滋养其他维度的养分。

（二）时间晶体培育法

每周用透明便笺制作“时间晶体”，把看似冲突的事务排列成分子结构。例如，把备课与文献阅读结合为“概念传播晶体”，将行政会议与田野调查融合为“组织行为晶体”。当青年教师在微信群里抱怨杂事太多时，王教授晒出了自己用教务值班时间完成的访谈记录，同时钉钉群里待审批的表格，转眼间也变成了他教育管理论文里的鲜活案例。

案例：陈校长的致辞

陈校长在毕业典礼上致辞时，忽然把科研攻坚的故事讲成了寓言，把行政管理的经验化作人生哲理，当他看见台下学生眼里惊奇的目光，才惊觉自己完成了 3 种身份的完美共振。

最高明的角色平衡术是让所有身份都指向同一个精神内核。就像三棱镜将白光分解为七色光谱，我们的不同角色不过是学术人格的不同切面。当你在课堂上讲述知识时，何尝不是在验证教育理论。当你撰写科研论文时，又何尝不是在锤炼表达艺术。行政事务中那些恼人的沟通协调，恰是培养学术领导力的绝佳沙盘。

当你下次准备教学案例时，可以试着用科研论文的结构来设计；当你修改项目申请书时，可以想象正在向学生讲解课题价值；当你处理行政事务时，可以在心中默念“这都是组织行为学的实践演练”。渐渐地，你会发现自己行走在永续的学术环带上，向左踏出一步是讲台，向右旋转半周是实验室，继续滑动便可抵达会议室。这条环带没有起点和终点，每个节点都是学术生命的有机组成。

当我们不再把身份切换看作是损耗精力的模式转换，而是视为激活认知弹性的思维体操，那些曾经撕裂我们的角色张力，就会变成托举学术生命的多级火箭。请你记住，优秀的学者从不在不同面具间挣扎，而是将各种身份淬炼成璀璨的水晶，每个棱面都能折射出智慧的不同光彩。

（三）现实自我与理想自我的张力——镜中自我与职业愿景的平衡

艺术设计学院的李老师坚持每天写教学反思日志，直到某天学生直言：“您总强调批判性思维，可讲课时答案都是标准化的。”这句话像一面镜子，照出了 3 个李老师，即试图创新的理想自我、依赖传统教法的现实自我、在学生眼中矛盾重重的镜中自我。这三 3 个“自我”的张力恰是专业成长的契机。

案例：镜中倒影与远方灯塔的共舞

林老师时常苦恼于评审专家的评价，“科研太理论化，不接地气”。她一直在想办法改进，直到某次校企合作时，企业导师赞叹：“您的模型能解释我们10年没搞懂的数据波动。”这句话成了林老师科研工作的转折点，她开始定期收集学生、同行、产业界等3种视角的反馈，逐渐找到了理论深度与实践价值的黄金分割点。

他人的评价犹如多棱镜，每个切面都能折射出一部分的真实情况。但若只追逐镜中幻影，就会迷失在破碎的光影里。若全然漠视外界的反馈，那么灯塔的光终将成为海市蜃楼。真正的平衡在于把镜中影像当作导航仪，而非目的地。

那么高校教师应该如何平衡镜中自我与职业愿景呢？

1. 三重镜像法

每月收集3类反馈，比如学生匿名留言、同行听课记录、社会服务对象评价等，用不同颜色标注与自我认知的吻合度，寻找共识区和盲区。

2. 愿景锚定术

在办公桌上摆放3个相框，比如5年前的教学照片、当下的工作场景、理想中的教育画面等，进行重大决策前先问问自己：“这个选择会让哪个相框更鲜活？”

3. 镜像空间

组建跨学科教师成长小组，规定每个人必须用“我观察到……”作为开头来进行反馈，禁止使用“你应该……”的句式，以此营造安全而真实的镜像空间。

案例：三重视角的交响乐指挥术

张老师曾陷入恶性循环，为了评职称拼命发表论文（现实压力）→冷落教学，遭到学生投诉（镜中反馈）→背离“培养完整的人”的初心（理想崩塌）。张老师职业生涯的转折点是参加教师叙事实战营，通过撰写《我的教育人生三幕剧》，将3个自我具象化为不同角色展开对话，最终找到了科研反哺教学的新路径。

现实自我是扎根大地的树根，理想自我是向阳生长的树冠，镜中自我是四季变换的枝叶。优秀的园丁既懂得深根固柢，也擅长修枝剪叶，更不忘仰望天空丈量成长。当三重身份形成生态循环，教育生命就会进入“落叶成泥—抽枝发芽—开花结果”的永续状态。

当我们不再试图消灭某个自我，而是学会指挥 3 个“自我”的合唱团，教育就会变成生命影响生命的复调音乐。你不妨此刻就取出便笺纸，画 3 个相交的圆，在每个重叠处写下你最想传承给学生的生命特质，这或许就是破解张力魔咒的终极密码。

二、情感劳动与职业认同：内心的情感联结

（一）情绪劳动的暗流——从课堂微笑到科研焦虑

案例：余教授的四季讲台

9 月清晨的阳光斜照进阶梯教室，余教授对着镜子整理领带时，发现嘴角需要刻意上扬才能保持标准微笑的弧度。这个发现让他想起昨天系主任的叮嘱：“学生评教系统升级了，表情管理也纳入课堂观测指标。”

余教授把保温杯放在讲台上，目光扫过第三排低头刷手机的几名学生。讲解流体力学方程时，前排女生突然举起手机问道：“老师，您能再讲一遍吗？刚才那段没录上。”他虽然感觉太阳穴突突直跳，但依然用温润的声线回应：“当然可以，这正是本堂课的精华所在。”

深夜的书房，台灯下余教授正盯着期刊拒稿信里“创新性不足”的评语，指尖无意识地摩挲着教案封皮。电脑屏幕右下角弹出新的邮件提示，“周五提交本学期第四次教学示范课录像”。

余教授在课堂录像中发现，每当学生提出超出备课范围的问题时，他的喉结总会不自觉地上下滑动 3 次，这个微表情在高清镜头下格外明显。

而此刻他的大脑正经历双重运算，既要快速组织学术化解答，又要确保语调维持在令人愉悦的中音区。

高校教师的情绪劳动就像一个精密钟表，齿轮咬合处藏着两个隐秘维度，即持续性表情管理和认知情绪分流。当我们强迫大脑杏仁核为前额叶让路时，看似优雅的课堂互动实则消耗着宝贵的认知资源。那些没来得及消化的科研焦虑，最终会化作深夜修改作业时突如其来的心悸。

我们可以尝试建立“情绪收支簿”，用不同颜色的便笺来记录每日的强制情绪输出（红色）与自然情感流动（绿色）。利用周五下午茶的时间进行周度盘点，当红色便笺占比超过60%时，就启动“学术潜水模式”，即取消周末所有社交，专心补足情绪账户赤字。

案例：评价体系的情绪过载

学期末的教学反馈会上，余教授盯着那条“老师讲解太快，就像机关枪一样”的匿名评价，耳边突然响起童年时书法老师“运笔太急不成体统”的训斥。他惊讶地发现，自己竟能清晰回忆起30年前宣纸上的墨渍形状。

学生评教系统本质是一套精密的情感过滤器，当年轻一代用消费体验模式解构知识传递时，我们的大脑却仍沿用着师承体系的庄严框架。这种认知错位产生的情绪粉尘，会悄悄附着在教师职业认同的神经网络上。

我们可以建立“三维评教解析模型”，把每条评价分解为事实陈述（30%）、情感投射（50%）、成长建议（20%）。准备一个透明的玻璃罐，每次遇到扎心的评价就写张纸条塞进去，半年后将这些纸条重新分类，这时你会发现超过一半的“差评”实质是学生自我焦虑的投射。

案例：在学术废墟上重建圣殿

某个被拒稿后的雨夜，余教授站在实验室窗前，看着雨滴在玻璃上划出类似论文数据图的曲折轨迹。当他下意识模仿雨滴坠落的速度呼吸时，他突然理解了审稿人说的“创新性不足”，因为他一直在重复他人设定的学术舞蹈。

正念训练本质是给大脑安装一个“学术反脆弱程序”，当我们用呼吸锚定注意力时，大脑的前扣带皮层会释放认知弹性因子，这些神经递质能修复被拒稿信击伤的职业认同感，其效果堪比在意识土壤播撒新种子。

我们可以尝试“三分钟学术正念法”。遭遇挫败时立即寻找最近的椅子，用臀部感受支撑面的压力变化（1 分钟），想象呼吸气流在绘制被拒论文的立体模型（1 分钟），用手写下 3 个潜在的改进方向（1 分钟），这些动作能重启大脑前额叶的决策功能。

（二）学术成果的悖论——从发表焦虑到知识创造愉悦

案例：重构科研评价体系下的自我价值认知

某高校教师小张连续两年被核心期刊退稿，年终述职时被领导质疑“科研产出不足”。他深夜在实验室对朋友苦笑着说道：“我研究了 3 年冷门菌群共生机制，可这些数据换不来考核表上的一个‘优秀’。”

现行的科研评价体系像一台高速运转的计量机器，但我们不能把自己变成流水线上的标准零件。当你用影响因子丈量学术生命的价值时，就像用温度计测量太阳的温度，因为工具本身已框定了认知的维度。

1. 画两张人生坐标图

第一张坐标图标注你所有科研成果的社会估值，第二张坐标图记录这些研究曾带给你的智性震颤，比如某个深夜豁然开朗的瞬间。比较两者的重叠区域，那里就藏着你的学术初心。

2. 建立“三问”校准机制

面对任何评价指标时，先问自己3个问题：这项研究是否拓展了人类的认知边界？5年后是否会有某个年轻人因这项成果而少走弯路？临终回望时，我是否会为它感到骄傲？

3. 设置“生存性发表”与“创造性探索”双轨道

用20%的精力完成考核所需的规定动作，留80%的能量浇灌真正让你心跳加速的自选课题。就像某位学者所说：“要准备两副笔墨，一副用来换粮票，一副用来写心头血。”

案例：建立“过程—结果”双维度的成就感反馈机制

生物学教授小薇的团队花了5年时间攻克细胞再生难题，期间经历了137次实验失败。小薇在实验室里放了一本《科研灵感手账》，里面写满了“今天发现培养皿出现奇异纹路（虽然后来证明是空调冷凝水）”“助研小刘提出了反常识的假设”等碎片信息。结题庆功宴上，她把手账复印本送给了每一位团队成员，有人红着眼眶说道：“原来我们不是走了5年夜路，而是收集了5年星光。”

只盯着终点的马拉松跑者会错过林间松风，而真正的创造愉悦藏在提问时的战栗、证伪时的顿悟、推翻自己时的痛快等这些隐秘的瞬间里。神经科学发现，当人专注于过程时，大脑释放的内啡肽比获得结果时多30%。

1. 设计“科研过程银行”

每天记录3个微小突破，比如终于读懂了那篇文献的第二段、和跨学科同事碰撞出新思路等。

每月制作“认知增量地图”，用不同颜色标记新掌握的方法论、颠覆的旧观念、萌芽中的灵感等。

2. 实施“双庆功仪式”

在论文被接受时举办“结果庆功会”，比如感谢团队、分享成果等。

在遇到重大挫折时举办“过程表彰会”，比如展示所有被放弃的假设、报废的数据、走不通的路径等。

3. 创造“知识手艺人”思维

当你在显微镜下观察第 100 个样本时，试着对自己说：“此刻我正站在全人类认知的最前沿，这里的空气还没有被命名。”

学术成果的悖论在于你越想抓住它，它越像流沙般从指缝间溜走。当研究者转而享受在未知森林里拓荒的孤独喜悦时，那些真正闪光的发现反而会像熟透的果实般自然坠落。或许评价体系暂时无法改变，但我们可以重新定义自己的“学术时钟”，用科研过程中的心跳声丈量时间，让每个追问都成为生命向世界展示的最好方式。

案例：教学灵性的觉醒

去年秋天，吴老师的分子生物学课堂出现了神奇时刻。当投影仪在基因调控网络图谱上突然叠映出《三体》的黑暗森林法则时，前排戴黑框眼镜的那个沉迷游戏的物理系转科生突然挺直了脊背。吴老师轻声问道：“如果每个细胞都是持枪的猎人，那么线粒体为何自愿成为能量奴隶？”实验室突然陷入了深海般的寂静，试管架折射的光斑在每个人瞳孔里跳跃。

“真正的心智觉醒往往始于认知框架的破碎。”我们总抱怨学生注意力涣散，却忘了他们的大脑皮层下埋藏着亟待引爆的思想火药。当你在遗传学实验中融入存在主义诘问，在量子力学推导时插入敦煌壁画的色彩韵律，那些假装记笔记实则在刷手机的手指会突然僵住，因为他们遇见了前所未见的思想景观。请你记住，真正的跨学科不是拼盘杂烩，而是像棱镜折射阳光那样，让知识在分解重组中显现彩虹光谱。

有位老教授曾对我说：“教育最动人的是看见火星自己学会了呼吸。”当你发现学生在课程群里自发组建“混沌理论与水墨渲染”研讨小组，当那个总迟到的男生开始用微分方程分析奶茶店排队模型，这种见证生命拔节的震颤，远比任何考核指标都令人沉醉。

建议你可以准备一个“成长双面镜档案袋”，左边收集学生每个思维跃迁的瞬间（可能是走神的涂鸦本），右边记录自己的教学顿悟。期末时让学生用隐喻的方式总结收获，比如有人曾交来泡腾片沉浮实验视频，旁白写着“知识溶解时的沸腾”。这种双向映射会产生奇妙的量子纠缠，你会发现最动人的教学反馈往往藏在那些看似跑题的思维火花里。

三、行为管理与职业发展：自我调控的实践

（一）目标动态校准模型

案例：航海家的罗盘哲学

林教授初到某高校时，就把评正高职称设定为5年终极目标。第三年，他发现所在学科的评估标准转向交叉学科建设，他果断将正在进行的传统课题转化为“人工智能＋医疗”的跨界研究，最终比原计划提前两年达标。

学术海洋没有固定的航线，但永远需要校准的罗盘。就像老船长所说：“计划是刻在钢板上的决心，目标是写在沙滩上的承诺。”当潮汐改变时，固执坚守原有的坐标比及时调整更需要勇气。

1. “灯塔三问”

每个月末问自己3个问题，即学科风向是否偏移？机构资源是否重组？个人能力是否进化？

2. 动态目标九宫格

九宫格包括教学、科研、服务等3个象限，用不同颜色的便利贴标注优先级。

3. “决策平衡单”

在关键转折点采用“决策平衡单”，给每个备选方案的情感价值、现

实收益、机会成本打分。

案例：橡皮筋战略艺术

张教授在预聘制压力下设计出“三环规划”，核心环是必须完成的考核指标，比如2篇SSCI论文，缓冲环是弹性科研领域，比如数字化转型研究，探索环是完全自由的兴趣点，比如教育元宇宙。随着智慧课堂的兴起，她的缓冲环研究意外成为新增长点。

真正可持续的发展规划，应该像太极拳的云手，既有明确套路，又留足化劲空间。请你记住，弹性不是懈怠的借口，而是智慧的留白。正如竹子的生长教会我们，柔韧的弯曲会比僵硬的折断带来更多的生长可能。

1. “硬核—软核”双轨目标体系

制定“硬核—软核”双轨目标体系，硬核目标不超过总目标的40%。

2. 目标压力测试

每个季度进行目标压力测试，用SWOT分析检查环境变量。

3. 个人学术能量曲线图

创建个人学术能量曲线图，在低谷期启动弹性保护机制。

案例：自我评估的镜子屋

李老师总觉得自己论文产量低，直到运用“学术足迹分析法”，他才发现自己指导的学生创业项目已经转化了7项专利，这种非传统成果在学科评估中同样具有竞争力。

自我评估最危险的陷阱就是用别人的量尺丈量自己的人生，要像打磨钻石那样审视自己，每个切面都可能折射出独特的光芒。请你记住，评价体系应该是游标卡尺，而非断头台。

1. “学术价值坐标系”

设计“学术价值坐标系”，横轴为机构需求强度，纵轴为个人兴趣浓度。

2. “影子评估法”

实施“影子评估法”，邀请不同年龄段的同事匿名评价你的隐性优势。

3. “成果转化漏斗模型”

开发“成果转化漏斗模型”，识别哪些投入能产生复利效应。

案例：在机构框架中化开理想与现实的张力

王教授本是研究冷门的中世纪手抄本，却通过参与学校数字人文中心的建设，将古籍数字化技术发展为交叉学科亮点，把个人书斋变成了资源汇聚的节点。

契合不是削足适履，而是找到机构需求与个人特质的最大公约数。就像优秀的舞者，既能跟随音乐节拍，又能跳出独特风格。学术生命力往往诞生在体制网格的交叉点上。

1. “需求—兴趣”热力地图

绘制“需求—兴趣”热力地图，标记机构战略规划中的柔性接口。

2. “学术嫁接术”

实践“学术嫁接术”，在本体研究的基础上嫁接机构需要的技术枝蔓。

3. 个人 IP 的“北斗七星阵”

创建个人 IP 的“北斗七星阵”，确定 7 个能产生共振的跨领域合作点。

真正的职业发展是在确定性中孕育不确定的美妙。当你学会把制度约束转化为创造力的画框，把考核指标蜕变为学术探索的路标，你就会发现，那些看似限制我们的规则，最终都成了托举思想飞翔的风。

（二）认知资源分配算法

案例：你的注意力不是水龙头

某高校青年教师小陈的一天，从早晨 7 点半到晚上 10 点，被切割成了 37 个碎片任务。我们总误以为时间是稀缺资源，其实真正的战场在认知带宽。神经科学告诉我们，人脑切换任务的损耗相当于电脑从休眠状态被唤醒。那些“顺手回个消息”的瞬间，可能正在透支你下午 2 个小时的创造力阈值。

试着把工作日看作是算法程序。上午 8 点到 10 点，分配给需要晶体智力的备课，此时大脑前额叶皮层的活跃度最高。午后时间留给需要流动智力的实验设计，此时皮质醇水平下降，反而可以促进发散思维。黄昏时处理行政事务，此时的决策疲劳反而适合机械化操作。请你记住，注意力是 21 世纪的石油，开采时要记得在地图上标好油井的位置。

我们终究要学会在刀尖上跳舞。当你把自我调控变成可拆解的认知工程，那些曾令你焦虑的三角困境，会渐渐显露出保罗·塞尚画作般的稳固结构，所有摇晃的线条都在诠释着更深刻的平衡。当下次再面对时间焦虑时，你不妨想想 18 世纪的天文学家，他们在观察星辰运转的间隙，不也照样给情人写着十四行诗。

最后分享一个秘密，在我书桌最底层的抽屉里，锁着 20 份未完成的失败课题。它们像不同时空的坐标，标记着学术人格蜕变的轨迹。或许真正的学者之道就是在不断自我迭代中，将职业发展谱写成一部鲜活的认知进化史。

第八章　职业幸福：绽放教育人生的精神之花

第一节　压力管理：让心灵在繁花中轻舞飞扬

当代社会，“压力”已成为人们最普遍的心理体验之一。压力的学名叫应激，这一概念的提出可追溯至1936年加拿大生理心理学家汉斯·薛利。汉斯·薛利首次系统性地将压力定义为机体对刺激产生的非特异性生理反应。通俗来讲，压力是一种感觉，当你觉得要承担的要求超出了你所能够掌握的各种资源时，压力就来了。压力具有双重性，既是维系生命存续的必需张力，又是可能摧毁健康平衡的潜在威胁。

一、识压之害：心理压力与人体健康关联机制

案例：沉默的侵蚀者

每当看到王教授捂着肚子冲进洗手间，同事们就知道又到项目结题季了。这位环境工程专家的肠道仿佛装了压力传感器，每逢重要节点必发痉挛性腹痛。心理压力并非虚无缥缈，而是一场牵动全身的生化风暴。当大脑感知到压力时，下丘脑 垂体 肾上腺轴（HPA轴）被激活，释放皮质醇，帮助大脑清晰地思考，给重要肌肉提供能量，提高心率和呼吸频率。短期来看，这是生存本能，但长期积累却会破坏免疫平衡。相关研究发现，慢性压力会导致自然杀伤细胞（NK细胞）活性下降、T细胞分化

异常，甚至加速免疫衰老。更微妙的是，肠道微生物群，这个“第二大脑”会记住每一次压力，然后通过迷走神经反向影响人体生理，形成恶性循环。

高校教师由于职业特性，常常需要应对高强度的科研压力和教学任务。这不仅影响其心理健康，还可能影响身体健康。

消化系统问题：高校教师可能因压力导致胃肠道功能紊乱，表现为胃痛、恶心、呕吐等症状。

免疫系统问题：长期的压力会抑制免疫系统的功能，使高校教师更容易生病。

心血管系统问题：压力会导致高校教师出现心肌缺血、心率变异性下降，以及室性心动过速等心脏问题。

呼吸系统问题：压力会影响呼吸系统，导致呼吸加快、心悸等症状。

肌肉疼痛：压力可能会导致头痛、背痛、腰痛等身体不适。

其他身体症状：压力还可能引起恶心、呕吐、消化不良、食欲不振、失眠等症状。

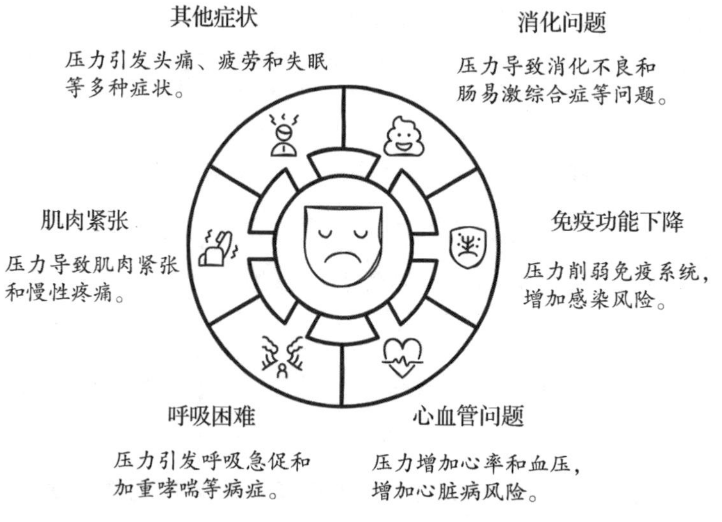

图 8-1　心理压力与人体健康关联机制模型

二、寻压之源：教师多维压力溯源及机理透视

高校教师这份职业看似光鲜，实则暗藏压力。教学、科研、职称晋升、人际关系、家庭平衡……这些看似分散的压力点，往往会交织成一张无形的网。

（一）教学工作压力

案例：课堂上的“表演”与“评判”

李老师是一名高校青年教师，刚刚入职两年。每次上课前，她都会提前一周准备课件，反复修改，甚至连课堂上的每一句话都要在脑海中演练无数遍。尽管如此，她依然觉得自己不够好。学生的课堂反馈、教学评估的分数、同行的听课意见，像一面面镜子，映照出她的不足。一次教学评估中，有学生在匿名问卷中写道：“老师讲得太快，根本听不懂。”这句话让她整晚失眠，甚至怀疑自己是否适合做教师。

案例中李老师的压力背后是自我效能感在作祟。自我效能感是指个体对自己是否有能力完成某一行为所进行的推测与判断。当教师的教学成果未达到预期，且受到负面评价时，自我效能感就会降低，从而产生焦虑和压力。李老师将学生的反馈和评估结果视为对自己能力的直接否定，而忽略了教学本身是一个不断试错和改进的过程。

为了应对这种压力，教师可以建立教学反思机制，定期回顾自己的教学过程，总结经验教训。同时，积极与学生沟通，了解他们的需求和期望，及时调整教学方法。还可以参加教学培训和研讨会，学习先进的教学理念和技巧，提升自己的教学水平。

（二）科研工作压力

案例：论文的“难产”与“煎熬”

李教授是一位资深的化学研究者，他一直致力于某项前沿课题的研

究。为了写出一篇高质量论文，他夜以继日地泡在实验室，查阅了海量的文献，做了无数次的实验。然而，当他终于完成论文初稿时，却发现自己引用的某项重要研究数据被质疑存在错误。这意味着他可能需要推翻之前的研究结论，重新开始。李教授陷入了深深的焦虑之中，他不知道自己还能不能按时完成论文，不知道自己的努力会不会付诸东流。

案例中李教授的这种压力源于目标导向的迷失。目标导向理论认为，人们在面对任务时，会根据自己的目标来决定自己的行为方式。李教授的目标是完成一篇高质量论文，但当他遇到数据被质疑的情况时，他的目标变得模糊不清。他不知道是应该坚持原有的结论，还是重新开始研究。这种目标的不确定性让他陷入了焦虑之中，这种焦虑不仅会降低工作效率，还可能导致职业倦怠。

为了应对这种压力，首先应该重新定义科研的意义，科研不仅是为了发表论文，更是为了探索未知、解决问题，可以将注意力从结果转移到过程，从而减轻目标导向带来的焦虑。其次可以设定可控的小目标，将科研任务分解为具体的小目标，比如本周完成文献综述、下个月完成实验设计等，每完成一个小目标都能获得成就感，从而增强下一步的行动动力。最后要学会接受失败，科研本质上是一个试错的过程，每一次失败都是一次继续改进的机会，并从中找到提升的方向。

（三）职业发展压力

案例：职称晋升的“天花板”与“内耗”

王老师是一名副教授，他已经在这个职称上停留了10年。每次职称评审，他都因为科研成果不够突出而落选。看着身边的同事一个个晋升，他感到焦虑和自卑，甚至开始怀疑自己的职业前景。他试图通过加倍努力来弥补，但越努力越焦虑，最终陷入恶性循环。

案例中王老师的困境可以用社会比较理论来解释。心理学家费斯汀格指出，人们倾向于通过与他人比较来评估自己的价值。然而，过度的社会比较会导致比较性焦虑，从而让人忽略自己的独特价值。

为了应对这种压力，首先需要精准对标职称评审条件，了解晋升的标准和流程。其次需要明确自己的优势和不足，并有针对性地提升自己。然后需要寻求职业发展指导，与资深教师或职业发展顾问进行交流，制定切实可行的职业规划。最后需要养成厚积薄发的心态，厚积薄发不是等待，而是积累，不是停滞，而是沉淀，学术研究、教学创新都需要时间沉淀，不要因为短期内没有看到回报就质疑自己，要相信积累的力量。

（四）其他潜在压力

案例：人际关系与家庭平衡的"拉扯"

刘老师是一位年轻母亲，同时也是一名高校教师。她每天都在家庭和工作的双重角色中来回切换。白天在学校忙于教学和科研，晚上回家辅导孩子功课、做家务。她感觉自己像一根被拉紧的橡皮筋，随时可能断裂。有一次，她因为孩子生病请假，错过了一个重要的学术会议，这让她感到内疚和自责。

案例中刘老师的压力源于角色冲突。角色冲突是指个体在不同的情景中扮演不同的角色，而这些角色之间可能会产生矛盾。心理学研究表明，当一个人同时承担多个角色时，角色之间的冲突会导致心理压力增加，甚至引发角色倦怠。刘老师在学校是一名教师，在家庭是一位母亲，这两个角色的要求不同，当她无法平衡这两个角色时，就会产生冲突和压力。

为了应对这种压力，首先需要学会优先排序，明确什么是当前阶段的优先事项。例如，当孩子生病时，家庭优先；当科研任务紧迫时，与家人保持良好的沟通，争取他们的理解和支持，帮助自己分担一些家庭事务。其次需要寻求支持，不要试图独自承担所有责任，可以与配偶、家人或同事沟通，寻求他们的支持和帮助。最后需要留出自我时间，每天抽出一些时间做自己喜欢的事情，比如阅读、运动、冥想等，这不仅能缓解压力，还能提升幸福感。

亲爱的教师朋友们，心理压力就像生活中的阴影，但只要我们找到它的源头，就能找到化解的方法。教学工作中的挑战让我们成长，科研工作中的挫折让我们坚忍，职业发展中的困境让我们反思，人际关系和家庭的矛盾让我们学会平衡。当我们把这些压力看作是成长的阶梯，而不是前进的障碍时，我们就会发现，高校教师这条路其实是一条充满阳光和希望的旅程。

三、解压之策：心理弹性充盈与系统支持重建

在高校教师的职业生涯中，心理压力如影随形。从繁重的教学任务、科研压力，到复杂的人际关系和自我提升的需求，每一项都影响着我们的幸福感与职业热情。如何有效地应对这些心理压力，不仅关乎教师的身心健康，更影响着教学质量和职业发展。

（一）时间管理

案例：张老师的时间困境

张老师是一位热情的高校教师，每天除了备课、上课、批改作业，还要指导学生论文、参加各种会议、填写各种工作表格，他常常忙得焦头烂额。晚上回到家，还要继续处理工作邮件，感觉时间永远不够用。有一次，他甚至因为赶时间，错过了孩子的家长会。

心理学中的帕金森定律指出，工作会自动膨胀，占满一个人所有可用的时间。也就是说，如果我们没有合理规划时间，任务就会不断被拖延，消耗我们大量的精力。

那么高校教师应该如何进行有效的时间管理呢？

1. 制订详细的计划

将每天的工作任务按照重要性和紧急程度进行分类，制定出详细的时间表。例如，早上头脑清醒时，可以安排进行科研工作；下午处理教学相关事务；晚上的时间用来备课或阅读文献。同时还要为每个任务设定合理的时间限制，避免任务拖延。

2. 学会说“不”

不要轻易答应别人的请求，要学会根据自己的时间和精力状况，合理拒绝一些不必要的工作。例如，当同事邀请你参与一个与自己工作无关的项目时，如果自己实在抽不出时间，就要勇敢地说“不”。

3. 利用碎片化时间

高校教师的工作往往比较琐碎，因此有很多碎片化的时间可以利用。例如，在等公交车、排队打饭的时候，可以用手机阅读学术文章、回复邮件或者思考教学问题。

4. 时间块管理

将工作分成不同的时间块，并给每个时间块划定专属时间。例如，早上 8 点到 10 点是论文写作时间，10 点到 11 点是批改作业时间，下午 2 点到 3 点是学生答疑时间。在每个时间块里只专注做一件事，就像给时间上了锁，避免被其他事情打扰。如果中途有紧急事情需要处理，可以先记录下来，等这个时间块结束后再处理。

5. 番茄工作法

将工作时间分为每 25 分钟一个单位，每个单位的工作结束后休息 5 分钟。这样不仅能提高专注力，还能避免长时间工作带来的疲劳感。

（二）情绪调节

案例：李老师的情绪“过山车”

李老师是一位认真负责的教师，但最近她的情绪波动很大。有一次，因为学生上课不认真听讲，她在课堂上就大发雷霆。她发现自己越来越容易被小事激怒，甚至在家里也对家人发火。还有一次，因为教学评价没有得到预期的认可，她感到非常沮丧，甚至开始怀疑自己的业务能力。

情绪管理理论认为，情绪是对事件的反应，而我们可以通过改变对事件的认知来调节情绪。当我们遇到负面事件时，往往会陷入消极的思维模式，从而放大负面情绪。

那么高校教师应该如何调节自己的情绪呢？

1. 觉察情绪

心理学家丹尼尔·戈尔曼提出，情绪智力的第一步是学会识别自己的情绪。当负面情绪出现时，首先要觉察到它的存在。可以通过写情绪日记的方式，记录自己的情绪变化和触发情绪的事件，分析自己的情绪反应是否合理。

2. 改变认知

尝试从不同的角度看待问题，改变自己的认知方式。例如，案例中的李老师可以把教学评价看作是一次自我提升的机会，分析自己在教学中存在的问题，制订改进计划，而不是一味地自责和沮丧。

3. 释放情绪

当负面情绪积累到一定程度时，需要通过适当的方式释放出来。可以选择运动、听音乐、与朋友聊天等方式，缓解压力，放松心情。

（三）心态调整

案例：从“完美主义”到“接纳不完美”

王博士是一位科研能力出色的青年教师，但他总是对自己要求极高。他花了3个月写了一篇论文，却迟迟不敢投稿，因为总觉得还不够完美。直到他的导师对他说：“一篇80分的论文发表出来，比100分的论文永远留在电脑里更有价值。”这句话让他豁然开朗。

完美主义常常是压力的根源。心理学家卡罗尔·德韦克提出的成长型思维指出，可以将失败视为学习的机会，而非能力的否定。接纳不完美是迈向成长的第一步。

那么高校教师应该如何调整自己的心态呢?

1. 接受不完美

世上没有人和事是完美的，只有接受自己的不完美，才能更好地面对挑战。

2. 接受不确定性

科研工作本身就充满了不确定性，不论是申报课题，还是投稿论文，失败都是一种常态。要学会接受失败，将失败看作是成长的机会，不断总结经验教训，调整研究方向。

3. 培养乐观的心态

乐观的人更容易看到事情的积极面，从而能够更好地应对压力和挫折。可以通过培养积极的思维方式，比如每天记录 3 件让自己感到开心的事情，以此来增强自己的乐观情绪。

4. 减少与他人比较

每个人都有自己的节奏，与其羡慕别人的成就，不如专注于自己的进步，你只需要成为更好的自己。

（四）社会支持系统

案例：从“孤军奋战”到“抱团取暖”

刘老师是一位新入职的教师，因缺乏经验而感到巨大的压力。她害怕暴露自己的不足，因此很少向同事求助。直到一次学术会议上，她与一位资深教授进行交流后才发现，原来对方也曾经历过类似的困境。那次谈话后，她开始主动与同事建立联系，很快就融入了工作团队，压力也大大缓解。

社会支持是应对压力的重要资源。社会支持系统是指一个人在社会中的社交网络，包括家人、朋友、同事等。约翰·卡萨尔和西德尼·科布提出的社会支持理论指出，当一个人遇到困难的时候，社会支持系统可以提供情感支持、信息支持和物质支持，帮助他更好地应对压力。

那么高校教师应该如何获得社会支持呢？

1. 家庭港湾

家庭是教师最坚实的后盾。当你感到压力大的时候，多和家人进行沟通，让他们理解你的工作。例如，和爱人一起分享工作中的趣事和烦恼，让爱人帮你分担一些家务，这样你就能有更多的时间和精力来应对工作压力。家人的一句鼓励、一个拥抱，都能让你感受到温暖和力量。

2. 同事联盟

同事是教师在工作中最亲密的伙伴。试着与同事建立良好的关系，互相支持、互相帮助。例如，组织一个教师读书会，大家一起分享教学经验和读书心得；在课间休息的时候和同事聊聊天，缓解一下工作压力。当你遇到教学难题的时候，可以向同事请教，他们可能会给你提供意想不到的解决方案。

3. 专业支持

除了家人和同事，教师还可以寻求专业支持。学校通常会组织一些心理辅导讲座、教学培训等活动，教师可以积极参加。如果压力实在太大，也可以寻求心理咨询师的帮助。专业支持就像一座灯塔，能为你照亮前行的道路，让你在迷茫中找到方向。

亲爱的教师朋友们，面对心理压力，我们不必惊慌失措。时间管理技巧能让我们在忙碌中找到节奏，情绪调节方法能安抚内心的“小怪兽”，心态调整策略能让我们以平和之心迎接挑战，而社会支持则是温暖的港湾。让我们利用好这些智慧锦囊，轻松前行，拥抱美好的教育人生。

第二节　情绪价值挖掘：让教育在情感花园中生花

在心理学中，情绪被定义为人们对客观事物是否符合自身需求所产生的一种主观态度体验。当个体的需求得到满足时，愉快的情绪便会油然而生。相反，当需求未能实现或事物与期望背道而驰时，便会引发不快的情绪。情绪的特点在于其持续时间较短，表现较为表面化，同时具有较强的易变性。在古代文化中，“七情”被用来描述人类的情感状态，包括喜、怒、哀、惧、爱、恶、欲。而在现代心理学中，人类最常体验的 4 种基本情绪则被归纳为快乐、恐惧、愤怒和悲伤。

一、情绪暗箭：情绪纷扰与身体疾病的关联

案例：病历本上的沉默证言

这盏台灯下曾有一位青年教师，连续 3 个月凌晨 2 点伏案备课，某天突然发现自己的右手不听使唤地颤抖，可体检报告却写着“无器质性病变”。李教授在职称评审前突发耳鸣，医学检查显示耳蜗功能完好，却在心理咨询时对着沙盘堆出层层叠叠的答辩讲台。王老师总在学期末反复胃痉挛，后来才承认每次接到教务处监考通知单时身体就会应激性抽搐。这些身体警报像古庙檐角的风铃，风未动，心已惊。

当深夜焦虑啃噬教案，血液中的促炎细胞因子已形成风暴。那些没被消化的愤怒会沉积成胆囊结石，长年累月的压抑最终在甲状腺上雕刻出结节。心理学实验显示，持续 6 周的不良情绪足以让白细胞端粒缩短的速率加快 3 倍，这是情绪在基因层面刻下的年轮。

当代医学研究揭示，心理情绪引发的身体疾病主要包括以下几种。

（一）冠心病

当固执、好争辩、急躁、爱生气和爱发脾气渗透个体生命时，血管内

壁便悄然书写着命运的判词。美国心脏病学会将易患心脏疾病的人群定义为A型性格人群，A型性格者如同背着隐形沙漏的奔跑者，在急躁易怒的个性特征下，其冠状动脉硬化的风险较常人攀升数倍。正如古希腊哲人所言“性格决定命运”，此刻更是“性格雕刻血管”的现代医学诠释。

（二）消化性溃疡

胃堪称人体最诚实的情绪记录仪，其黏膜褶皱间镌刻着每个焦虑瞬间的分子记忆。当交感神经在情绪波动中起舞时，胃酸的分泌便谱写出一曲危险的咏叹调。应激状态下的胃蛋白酶原浓度升高，犹如隐形的刻刀在消化道黏膜上篆刻痛苦的纹路，这也印证了中医“肝气犯胃”理论的现代科学内涵，也诠释了“情绪是消化系统的第二语言”的医学箴言。

（三）紧张性头痛和偏头痛

紧张性头痛实为神经系统的抗议宣言，当不良情绪化身无形指挥棒，头颈部的肌肉便演奏出病理性的收缩乐章。“棘手难题”之所以引发真实头痛，源于情绪风暴下血管异常扩张的生物学机制，这恰好印证了“身心交互作用”这一认知神经科学原理。高校教师做科研时长期保持的坐姿，会进一步加剧这种病理反应。

更值得关注的是，这种身心交互作用已超越了单一器官范畴。甲状腺功能的亢进如同情绪过载的警报灯，血糖浓度的波动是心理压力的代谢回声，而免疫监视系统的疏漏则为恶性细胞的增殖打开了方便之门。临床数据显示，身体疾病与个体情绪存在着显著相关性。

二、领悟师愁：感受教师内心的情绪流动

（一）焦虑情绪——被藤蔓缠绕的清醒者

案例：张教授的焦虑情绪

张教授每天奔波于教学、科研和行政会议之间。某天凌晨3点，他盯着未完成的课题报告，突然心悸手抖，此时他心想：明天还有一场重要的

项目答辩，而学生的论文还没有批改完。他苦笑着说道："我就像一头被拴在磨盘上的驴，转得晕头转向，却看不到尽头。"

高校教师的焦虑本质是对失控感的抗拒。行政事务如藤蔓般缠绕着教学与科研，让专业精神无处扎根。麦可思研究院发布的《腾讯——麦可思大学教师职业倦怠调查》显示，84%的高校教师长期处于高压状态，不确定性的工作环境加剧了"悬浮焦虑"。焦虑不是软弱，而是清醒者对责任的敏感。

那么高校教师应该如何应对焦虑情绪呢?

1. 断舍离清单

每天用10分钟时间列出"必须做"与"可以拒绝"的事情，学会对不重要、不紧急的事务说"暂缓"。

2. 微目标疗法

将大的任务分解为"15分钟可完成"的小模块，用具体行动稀释抽象压力。

3. 呼吸锚点

当处于焦虑峰值时，用"4—7—8呼吸法"（吸气4秒、屏息7秒、呼气8秒）重置神经系统。

（二）抑郁情绪——灯塔下的影子

案例：李老师的抑郁情绪

李老师连续3年基金项目申请失败，于是她开始回避同事、熬夜刷剧。她对学生说："知识真的能改变命运吗？我自己都有点不相信了。"深夜的微信朋友圈里，她写下："我像一盏锈蚀的灯，照亮别人，却温暖不了自己。"

抑郁是心灵触礁后的沉默。高校教师长期承担高期待、低反馈的情绪劳动，如同不断输出光热却无人添油的油灯。相关研究显示，压抑真实情绪会诱发躯体化症状，甚至加速职业耗竭。

那么高校教师应该如何应对抑郁情绪呢？

1. 黑暗对话

每周留出 1 小时的时间与负面情绪独处，用文字记录感受，让情绪具象化。

2. 成就银行

建立“微成功档案”，哪怕记录“今天有一名学生眼神亮了”，用具体证据对抗自我否定。

3. 破茧计划

设定“最小冒险目标”，比如向信任的同事坦白困境，让支持系统成为破茧的支点。

（三）愤怒情绪——冰层下的火山

案例：陈教授的愤怒情绪

陈教授在课堂上怒摔教案，这已经是本周第三次因为学生上课玩手机而出现的失控场面。事后他懊悔地说道：“我成了自己最讨厌的‘咆哮导师’。”

愤怒是无力感的变装。高校教师容易将挫败转化为课堂上的怒火，情绪劳动理论指出，强制压抑愤怒会消耗双倍的心理能量，最终引发情绪雪崩。

那么高校教师应该如何应对愤怒情绪呢？

1. 愤怒温度计

在情绪升级前，用 1 至 10 分自评愤怒值。当愤怒值超过 7 分时，立即启动“撤离机制”，比如让学生自由讨论 3 分钟。

2. 认知重评

把“这群学生根本不想学！”转化为“有 3 个学生在做记录，或许是我的方法需要调整”。

3. 物理解压包

在讲台抽屉里放置减压握力器，当情绪波动时，通过触觉刺激转移注意力。

（四）嫉妒情绪——孔雀羽毛上的刺

案例：赵教授的嫉妒情绪

当看到同龄的王老师又拿下了国家级课题，赵教授在评审会上刻意挑刺。回家后他彻夜难眠，心想："当年我的论文比他强，没想到现在却成了背景板。"

学术圈的"剧场效应"让嫉妒滋生，当所有人都踮脚攀比时，连真诚的祝贺都成了稀缺品。相关研究发现，过度竞争会扭曲教师的自我认知，将同侪的成就视为对自身价值的否定。

那么高校教师应该如何应对嫉妒情绪呢？

1. 镜像练习

写下竞争对手的 3 个优势，再对应写出自己的 3 个特长，建立差异化价值坐标系。

2. 共荣实验

主动为竞争对手的一次成功点赞，将"凭什么是他"转化为"这说明赛道存在多种可能性"。

3. 能力慈善

每个月用 2 小时的时间指导青年教师，用给予感冲淡比较焦虑。

（五）冷漠情绪——沙漠里的仙人掌

案例：周老师的冷漠情绪

周老师不再批改作业，课件 10 年未更新。面对学生的求助，他淡漠地说道："按大纲自学吧，我没空。"同事们纷纷议论："他就像一台生锈的复印机，只输出程式化的知识。"

冷漠是情感透支后的自我保护。当情绪劳动长期超负荷时，教师就会启动"心理罢工"，用情感隔离来避免二次伤害。就像沙漠里的仙人掌，外在的坚硬表皮下藏着内在的干涸。

那么高校教师应该如何应对冷漠情绪呢？

1. 微光计划

每天寻找一个教学瞬间，比如学生的某个提问，写下今天的新发现。

2. 反向依赖

主动向学生示弱，"这个问题我不太懂，谁有思路？"让互动感重新流淌。

3. 意义重塑

参加教学纪录片观影会，用他人的故事激活初心，让教育回归"人与人的相遇"。

情绪不是教育的敌人，而是心灵的邮差。当焦虑敲窗、愤怒叩门时，不妨沏一壶茶，与情绪对坐长谈："你想告诉我什么呢？"真正的师者智慧，不在消灭情绪，而在听懂情绪背后的渴望，或是对价值的追寻，或是对沟通的向往，或是对初心的忠诚。愿教师朋友们在这段修行中练就如水载物的从容，让情绪流过，而不滞留，映照万物，而不迷失。

三、心绪自洽：情绪自我疗愈的心理张力

（一）积极乐观——学会在乌云边缘镶金边

有一天，王老师发现学生将他的授课视频配上"催眠神曲"发到了网上，他先是气恼，但是转念一想：至少学生认真听完了整堂课。这种认知转换就像将苦丁茶泡出回甘。情绪管理不是压抑感受，而是像整理书架一样，将负面情绪分门别类。用"理智抽屉"分析事件本质，用"宣泄纸

篓”通过运动释放郁结，用“升华书柜”把挫折转化为教学案例。你还可以试一试“情绪晨操”，每天早晨对着镜子微笑 30 秒，然后写下 3 件期待的事，像园丁修剪枯枝般修剪消极念头。请你记住，当你凝视深渊时，深渊也在凝视你；当你追逐阳光时，阳光正穿透乌云。

（二）豁达开朗——幽默是最高级的铠甲

李教授总能在课堂冷场时自嘲：“看来我今天的段子比微积分还难懂。”这种幽默不是插科打诨，而是智慧的变形记。培养幽默感如同栽种向日葵，收集生活趣事当作种子，用换位思考的雨水细心浇灌，用自嘲精神松土，最终一定可以开出美丽的花朵。下次再遇到尴尬场景时，你可以试一试“镜像游戏”，把烦心事编成三句半，或给压力源起个可爱的外号。真正的幽默不是段子手的油滑，而是苏轼“竹杖芒鞋轻胜马”的通透，是看清生活真相后依然热爱的勇气。

那么高校教师应该如何培养幽默感呢？

1. 阅读笑话书籍或观看喜剧节目

阅读笑话书籍或观看喜剧节目是培养幽默感的有效方法之一，通过接触幽默素材，可以激发内在的幽默潜能。

2. 与幽默感强的人交往

与幽默感强的人交往可以受到感染并激发自身的幽默潜能，这种互动不仅能提升个人的幽默水平，还能增强社交魅力。

3. 练习自嘲

自嘲是一种展现谦逊和自信的方式，可以让周围的人感到放松。通过适度的自嘲，可以培养幽默感并增强社交能力。

4. 观察日常生活中的幽默细节

生活中充满了幽默的瞬间，通过观察这些细节并积累幽默素材，可以逐渐提升幽默感。

5. 练习即兴表演和快速反应

即兴表演和快速反应训练可以锻炼创造力和反应速度，从而提升自信心和幽默感。

6. 记录灵光乍现的时刻

记录日常生活中那些令人发笑的瞬间，并尊重创意来源，可以帮助收集成长过程中的幽默体验。

7. 分享轻松幽默的内容

在合适的时机和场合，分享轻松幽默的内容，不仅可以让自己心情愉悦，也能让周围的人感受到轻松氛围。

8. 使用人工智能工具进行辅助

现代技术，如人工智能工具可以帮助用户生成有趣的内容，增加生活乐趣并提升幽默感。

幽默感是一种重要的心理资源，能够显著改善心理健康状况、促进情绪调节、增强人际关系，并提升整体生活质量。通过阅读、观察、练习和分享等方式，每个人都可以培养和提升自己的幽默感。

（三）自得其乐——建造心灵的后花园

张教授在实验室里养苔藓微景观，他说："观察生命成长的耐心比发表论文更重要。"快乐心态不是强颜欢笑，而是像茶道一样，在备课间隙焚香听雨，改论文时播放白噪声，把课件排版当成平面设计。你可以试着拥有一个"快乐储蓄罐"，每天存入教学"小确幸"，月末兑换成看展览或短途旅行。

教育的真谛是先让自己成为流动的清泉，方能滋润莘莘学子，愿你我都能在讲台耕耘中收获满心皎洁的月光。

第三节 高校教师的社交哲学：知识和人际的融合

有人曾说："世界上最遥远的距离是心与心之间的距离。"也有人认为："世界上最贴近的距离唯有心与心的距离可以媲美。"在人类的交往过程中，人际关系指的是人与人之间在互动中形成的直接心理联系或心理距离。无论是亲密无间的关系、渐行渐远的关系，还是彼此对立的关系，这些都属于心理距离的不同表现形式，都属于人际关系。

一、悟交之益：高校教师人际交往的意义与价值

（一）高校教师人际交往的意义

案例：相见恨晚的茶歇会

去年冬天在教师发展中心举办的跨学科茶歇会上，文学院李教授和历史系王主任因为讨论敦煌壁画中的服饰演变，意外发现彼此都在研究古代丝绸之路的文化传播。两人当即决定合作开设丝路美学通识课，现在这门课已经成为学生选课系统的“秒杀王”。

高校教师的人际交往本质上是一场持续进行的学术交响乐，当我们放下学科界限的乐谱架，不同声部的和声自会谱写出震撼人心的教育乐章。人际交往的意义在于它不仅是人类社会的基本需求，更是个体心理健康与幸福生活的重要支柱。一个人或许可以独处一隅，享受片刻的自在，但真正的成长与满足往往源于与他人的联结。正如“人”字由一撇一捺构成，个体与他人需要相互支撑，这样才能构成完整的人生。美国心理学家戴尔·卡内基曾指出，西方人成功的原因中有85%是良好的人际关系，仅有15%取决于技术能力。这一观点揭示了人际交往在个人成就中的关键作用。

你可以试一试每周三下午的教职工咖啡时光，随身带一本专业领域的前沿文献，像在学术森林里寻找共生树种那样主动交流。遇到跨学科的研究者时，用“如果把这个理论移植到我的研究田里会开出什么花呢?”的开放句式开启对话，你会收获意想不到的思想花粉。

案例：小周的意外收获

青年教师小周刚入职时总把自己关在实验室里，直到有一天他帮隔壁

办公室的老师修理投影仪，结果意外获得了参与省级课题的机会。现在他带领的科研团队里有心理学博士分析实验数据可视化方案，还有美术学院教授设计科普展板，他们最近刚刚拿下了全国科技创新大赛特等奖。

教育从来不是孤岛工程，每个教师都是知识大陆架的连接点。那些看似偶然的走廊寒暄、电梯对话，实则是学术生态系统的毛细血管，它们默默输送着滋养职业生命的养分。请你记住，你永远不知道哪次擦肩而过的同人正握着你课题拼图缺失的那一块。

你可以试一试建立“学术人情账户”，每个月主动为 3 位同事提供专业帮助，比如修改英文论文、推荐参考文献等。还可以在办公室常备特色茶点和专业书籍，打造自然交流的“学术客厅”。遇到合作契机时，用“我们可以试试把您的这个方法嫁接在我最近正在研究的一个模型上”的具体提案来代替空泛的客套。

案例：图书馆的偶遇

去年教师节分享会上，教学名师张教授说起 30 年前在图书馆抄书时与现任校长的偶遇。如今他们共同推动的书院制改革已培养出数百名跨学科人才，而这段始于泛黄书页的友谊仍在续写着新的教育传奇。

真正的学术共同体不是冷冰冰的论文合集，而是温热的灵魂共振。那些共同熬过的项目攻坚夜，那些互相修改的申报书批注，那些会议室里争得面红耳赤又相视一笑的瞬间，都在编织着比职称更珍贵的生命经纬。

你可以尝试制订“成长伙伴”计划，与不同年龄段的教师结对，年轻教师用新技术为前辈的课程注入活力，资深教授用经验为后辈导航。你还可以定期举办“失败经验沙龙”，在分享科研挫折、教学失误的过程中，你会收获比成功更宝贵的人际财富。

（二）高校教师人际交往的价值

1. 沟通的力量

案例：瑜伽垫上的情谊

外国语学院的陈老师坚持每周参加教职工瑜伽班，不仅治好了颈椎病，更在拉伸交谈中促成了“多语种慕课联盟”。现在他们的在线课程已惠及20余所偏远地区高校，这段始于瑜伽垫上的情谊，正在改写无数乡村教师的教育人生。

教师之间的非正式交往就像学术土壤里的腐殖质，看似松散随意的互动，实则在培育着改变教育生态的奇迹。那些茶水间里的灵光乍现，那些操场漫步时的顿悟时刻，往往比正襟危坐的会议更能孕育创新的种子。

你可以尝试创造“第三空间”交往。参加教职工合唱团时带一本诗集进行分享，在校园菜园种菜时聊聊课程设计，组织“带着问题去徒步”的学术郊游。在这些褪去职业外壳的场域里，思想的种子更容易在轻松的氛围中生根发芽。

2. 保持身心健康

案例：被误会的学术新星

外国语学院的林老师去年在核心期刊连发了3篇论文，却“听说”有同事质疑她“急功近利”，为此她独自郁闷了好久。终于，她带着委屈敲开了院长办公室的门，却看见对方桌子上摆着正在修改的推荐信：“小林啊，我们正打算推荐你申报青年学者项目呢！”人际关系的裂缝往往源于信息茧房，善于破冰的人总能在寒冬里先触碰到春光。真正的职场智慧不在于消除臆想和质疑，而在于主动发现误解的真相。

心理学领域有一个著名的“社交剥夺实验”，揭示了缺乏社会交往对个体心理健康的深远影响。实验中，研究者将猴子单独关在一个与世隔绝的笼子里，完全阻断它与外界的接触，所有喂养工作均由机器完成。结果显示，这些猴子逐渐变得焦躁不安，安全感显著下降。即便后来将它们重新放回群体中，它们也无法与同类正常交往，甚至连本能行为都出现了紊乱。

动物尚且如此，何况人类？“社交剥夺实验”表明，人类只有在集体中才能获得安全感与归属感。人际交往不仅是信息的交流，也是情感的寄托。在人际交往中，人们可以分享快乐、倾诉烦恼，从而获得心理的平衡与治愈。在生活的重压下，一句关怀的话语、一场深夜的倾诉，便是心灵最好的疗愈。人际交往能够让人感受到陪伴的温暖，体会到生命的意义。

3. 自我完善的契机

案例：暴雨夜的实验室对话

那个暴雨夜，李教授发现研二学生小陈在实验室通宵做实验。他走进实验室，没有追问数据进度，而是递上了热姜茶，并说道：“我读研时也常常焦虑得睡不着，想听听中年导师的糗事吗？”3 年后，已成为青年教师的小陈在师德培训中说：“那晚的姜茶温度，我永远记得。”

师生关系的本质是生命与生命的相互照亮，有时候我们需要的不是完美的导师，而是愿意展露真实温度的引路人。心理学家奥尔波特曾指出，一个完善的人往往能够与他人建立良好而融洽的关系。他们不仅能理解他人、包容他人的不足，还能给予他人关怀、同情与温暖。这种能力并非与生俱来，而是在与人交往的过程中不断发展和完善的。

你可以试一试“温度记忆”培养法。每周设置“无目的交流时间”，即不带工作任务的 15 分钟下午茶；建立“脆弱时刻档案”，即适当分享自己的学术挫败经历；实施“3∶1 对话法则”，即 3 次专业指导后安排 1 次心灵对话。

案例：行政楼里的春天

面对财务处总板着脸的刘科长，赵教授每次报销时都带着自制的桂花糕："老刘，帮我看看这个横向课题经费怎么处理合适？"有一次，刘科长主动提醒："赵老师，您那篇SCI论文可以申请科研奖励呢！"

行政人员不是流程机器，而是掌握隐性知识地图的向导。与其抱怨制度冰冷，不如用真诚焐热那些看似生硬的规章条文。

你可以试一试"破壁者"沟通术。首先记住3个关键信息，对方的家乡、对方孩子的学校、对方的业余爱好。然后使用"事务＋人情"组合的话术，"这次又要麻烦您把关了（说着递上材料），听说您女儿保送北大了？"。最后是反向关怀，学期末给常打交道的行政人员送手写感谢卡。

教育是人与人的事业，当我们用真诚在象牙塔里织就温暖的关系网时，收获的就不仅仅是课题和论文，更是让整个职业生涯焕发生机的光合作用。下次走过教学楼长廊时，不妨对擦肩而过的同事多一个微笑，也许这就是未来某个教育奇迹的温柔起点。

二、察交之困：高校教师在人际交往中的心理噪声

（一）高校教师在人际交往中的心理偏差

在高校这个小社会里，教师们的人际交往同样复杂微妙。很多时候，我们在与人相处时会不自觉地陷入一些心理偏差，从而影响人际关系的和谐。

1. 首因效应

案例：第一印象的"紧箍咒"

开学第一天，新入职的李老师穿着随意，头发有些凌乱，第一次与学生见面时，还因为紧张而语速过快，导致学生对他的专业能力产生了怀疑。尽管后来他通过努力教学赢得了学生的认可，但那次首因效应却让他

在学生心中留下了难以抹去的阴影。

首因效应之所以如此强大，是因为我们的大脑倾向于快速判断。初次见面的瞬间，外貌、举止、谈吐等信息就会被大脑整合，形成一个初步评价。这个评价一旦形成，后续信息往往只能在这个基础上微调。

要想打破首因效应的束缚，初次见面时就一定要注意自己的形象和言行举止，展现出专业、得体的一面。比如提前准备好清晰的课程讲解、穿着符合教师身份的服装等。同时也要提醒自己，不要仅凭第一印象就给他人下定义，多给彼此一些时间和机会去深入了解。

2. 近因效应

案例：最近发生的不一定是“真相”

张老师和王老师一起合作了一个科研项目，二人一直配合默契。但在项目收尾阶段，因为数据统计问题，两人发生了激烈争吵。后来张老师每次想起王老师，就只记得那次争吵，之前的合作愉快都被抛到脑后，二人的关系也变得疏远。

近因效应指的是人们对最近发生的事情印象深刻，会用它来概括整体印象。人的记忆有这样一种特性，即近期信息更容易被提取。当情绪波动较大时，这种效应会更加明显。

为了避免近因效应的负面影响，我们在与同事相处时要保持情绪稳定，尤其是在出现矛盾时，要及时沟通解决，不要让负面情绪积累。事后也可以回顾一下过往的美好经历，平衡对他人的印象。

3. 光环效应

案例：一好百好的“迷障”

刘教授学术成果丰硕，在学校是备受尊敬的学术权威。在一次教学研讨会上，他提出了一个新的教学方法，在场的老师都觉得非常好，没有人提出疑问。哪怕后来在实践中发现这个教学方法存在一些问题，很多人还是选择支持。

光环效应就是当一个人某方面表现突出时，我们就会觉得他其他方面也同样优秀，就像给他戴上了一层光环。这是因为我们习惯用简单的方式去认知他人，一旦认定某人在某方面很擅长，就会自动将这种好感延伸到其他方面。

面对光环效应，我们要保持理性和批判性思维。对优秀的同事，我们可以欣赏，但不要盲目崇拜。在讨论问题时，要就事论事，根据实际情况做出判断，不被光环所迷惑。

4. 刻板效应

案例：被贴标签的“命运”

学校新来了一位年轻的海归教师，一些老教师就觉得他肯定很“洋派”，不了解国内的教育实际情况，在教学工作上肯定不扎实。但实际上，这位海归教师在国外就深入研究过国内的教育问题，教学方法也很接地气。

刻板效应是指人们对某类人或事物形成的固定、概括的看法，常常忽略个体差异。刻板印象源于我们的经验和社会舆论，它能帮助我们快速对事物进行分类判断，但也容易造成误解。

我们要学会尊重个体差异，摒弃刻板印象。在接触新同事时，不要先入为主，而是要通过实际相处，去了解对方的真实能力和性格。

5. 定势效应

案例：经验是一把“双刃剑”

赵老师在教学领域深耕多年，教学经验丰富。但在接受新的教育理念和教学技术时，他总是很难转变思维，觉得还是传统教学方法好，新方法不靠谱。

定势效应是指基于过去的经验和习惯，形成的固定思维模式，影响对新事物的判断。经验固然重要，但时代在发展，教育也在不断变革。如果一直依赖过去的经验，就会故步自封。

我们要保持开放的心态，定期学习新的教育理念和方法，积极参加培训和学术交流活动，打破思维定式，让自己的教育之路越走越宽。

6. 投射效应

案例：以己度人的“误区”

李老师是个工作狂，经常加班加点。他看到年轻教师小王每天都按时下班，就觉得小王工作不积极，没有责任心。其实小王工作效率很高，已经出色完成了工作任务。

投射效应是指将自己的想法、情感、特性等投射到他人身上，认为他人也和自己一样。我们总是习惯从自己的角度去理解他人，却忽略了每个人都有自己的生活方式和工作节奏。

要避免投射效应，就要学会换位思考，多站在他人的角度去思考问题。和同事交流时不要急于下结论，而是先了解对方的想法和处境。

7. 羊群效应

案例：盲目跟风的“旋涡”

某学校准备引进一套新的教学实验实训系统，在可行性研究讨论会议上，大部分老师都表示支持，虽然他们并没有深入了解过这个系统。孙老师原本有些疑虑，但看到大家都同意，也就随声附和。

羊群效应就是个体在群体的压力下，会放弃自己的意见，追随大众的选择。在群体中，我们害怕被孤立，所以会本能地寻求与他人一致。但这种盲目跟风可能会让我们失去独立思考的能力。

我们要保持独立思考的能力，在面对群体决策时，先深入了解相关信息，结合自己的经验和判断，再做出选择。不要仅仅因为多数人做了某件事，就不假思索地跟随。

（二）高校教师在人际交往中的心理障碍

高校教师的职业环境看似单纯，但其中的人际交往却暗藏复杂的心理博弈。无论是与同事、学生还是领导的互动，心理障碍往往会成为阻碍关系发展的无形屏障。下面我们就从 7 种常见的心理障碍入手，聊一聊如何突破这些障碍，活出更自在、更从容的高校人生。

1. 恐惧心理

案例：踌躇不前的李老师

李老师是一位年轻助教，刚入职时满怀热情，但每次想向资深教授请教时，总是踌躇不前。他害怕自己的问题显得幼稚，害怕被对方冷漠对待，甚至害怕被拒绝后丢了面子。于是，他选择了沉默，独自摸索，结果在教学和科研中走了不少弯路。

恐惧心理的本质是对未知的夸大和对自我能力的低估。我们害怕被拒绝，是因为我们把拒绝看作是对自我价值的否定，而不是对具体请求的回应。其实，拒绝并不可怕，可怕的是因为害怕拒绝而放弃了成长的机会。正如一句富有哲理的话所言："你害怕的不是拒绝本身，而是拒绝后你对自己的看法。"

那么高校教师应该如何应对恐惧心理呢？

（1）降低期待，不要把每次请求都看作生死攸关的大事，学会用平常心看待结果。

（2）练习小请求，从简单的请求开始，比如向同事借一本书，逐步适应被拒绝的可能性。

（3）换位思考，想象自己是对方，拒绝一个请求并不意味着否定对方的价值。

（4）记录成功经验，将每次成功的请求都记录下来，逐渐建立自信。

2. 孤独心理

案例：被围绕却感到疏离

张教授在学校里是个“明星人物”，他的学术成果斐然，学生们对他敬仰有加。然而，他却常常感到孤独。他发现，自己和同事之间的关系总是停留在表面，大家聊的更多是学术和工作，很少涉及内心的交流。他渴望深度的沟通，却不知道如何迈出第一步。

孤独并不是因为身边没有人，而是因为缺乏真正的情感联结。在高校环境中，很多人都戴着学术面具，害怕暴露自己的脆弱和真实情感。孤独的根源在于我们对亲密关系的渴望与自我保护之间的矛盾。正如一句话所说：“孤独不是没有人陪，而是没有人懂。”

那么高校教师应该如何应对孤独心理呢？

（1）主动表达关心，从简单的问候开始，比如“最近怎么样？”“需要帮忙吗？”。

（2）分享自己的故事，适度暴露自己的真实感受，向对方发出信任的信号。

（3）培养共同兴趣，通过共同的兴趣爱好，比如运动、读书会等，建立更深层次的联结。

（4）接受孤独的存在，孤独是人生的一部分，学会与孤独和平共处，反而能让你更坦然地面对人际关系。

3. 自卑心理

案例：总觉得自己不够好的王老师

王老师是一位刚评上副教授的青年教师，但他总因为自己申请不上国家级课题而觉得自己不够好。在会议上，他不敢发言，害怕自己的观点被嘲笑；在科研中，他不敢尝试新方向，害怕失败。他的自卑让他错失了许多展示自己的机会。

自卑是一种对自我价值的否定，它让我们把注意力都集中在自己的短板上，而忽略了自己的优势。其实，每个人都有自己的独特价值，关键在于如何看待自己。正如一句名言所说："你不是不够好，而是用错了衡量自己的尺子。"

那么高校教师应该如何应对自卑心理呢？

（1）列出自己的优点，每天写下 3 件自己做得不错的事情，逐渐建立自信。

（2）接受不完美，没有人是完美的，要学会接纳自己的不足，这样才能更轻松地成长。

（3）设定小目标，从小事做起，逐步积累成就感。

（4）寻找支持系统，与积极向上的人交往，接受他们的鼓励和认可。

4. 嫉妒心理

案例：别人的成功为何让我不安

张老师和李老师是同系的年轻教师，两人教学水平相当。当李老师在一次教学竞赛中获奖后，张老师的心里很不是滋味，不仅没有前去祝贺，还在背后说李老师是靠运气。这种嫉妒心理不仅让张老师自己也不开心，还破坏了同事间的关系。

嫉妒源于对他人成就的不恰当认知，把别人的成功当成自己的失败。实际上，每个人都有自己的发展轨迹，他人的成功可以成为激励我们前进的动力，而非引发负面情绪的源头。

那么高校教师应该如何应对嫉妒心理呢？

（1）正视嫉妒情绪，敢于承认自己的嫉妒情绪，不要否认或压抑它。

（2）将嫉妒情绪转化为动力，把对别人的嫉妒转化为激励自己的动力。

（3）关注自己的目标，与其盯着别人的成功，不如专注于自己的成长。

（4）学会欣赏他人，主动向成功的人学习，而不是与之对立。

5. 猜疑心理

案例：感觉自己被针对的刘老师

最近刘老师总是发现办公室的同事会聚在一起小声聊天，他觉得大家是在议论自己，因此他开始猜疑是不是自己哪里做得不好。于是，他对同事的态度变得冷淡，原本和谐的办公室氛围也变得有些微妙。其实，同事们只是在讨论周末出游的事情。

猜疑心理的根源在于对他人信任的缺失和对自我价值的不确定。我们总是用自己的主观想象去填补真实信息的空白，却忽略了事实的真相。正如一句话所说：“你以为的，并不一定是真实的。”

那么高校教师应该如何应对猜疑心理呢？

（1）求证事实，消除猜疑最直接的方法就是沟通。

（2）培养信任，当产生猜疑时，应该坦诚地与对方进行交流，了解真实情况。

（3）调整认知，要学会调整心态，试着相信他人，不要轻易陷入负面的想象中。

（4）专注当下，把注意力放在自己的工作和生活上，而不是他人的言行。

6. 怯懦心理

案例：不敢迈出第一步的陈老师

陈老师在学术会议上有一个很好的研究想法，但他害怕自己的表达不够清晰，迟迟不敢发言。结果上个月，他的想法被另一位老师提了出来，赢得了满堂喝彩。

怯懦心理让我们在机会面前犹豫不决，最终错失良机。其实，有勇气的人并不是没有恐惧，而是敢于在恐惧中依然选择行动。正如一句名言所说："你害怕的事情，往往是你最需要去做的事情。"

那么高校教师应该如何应对怯懦心理呢?

（1）行动优先，不要等到完全准备好才行动，先迈出第一步再说。

（2）练习公开表达，从小范围的发言开始，逐步适应公众场合。

（3）接受失败，失败是成长的一部分，不要因为害怕失败而止步不前。

（4）寻找支持，与信任的朋友或同事分享你的想法，获得鼓励和支持。

7. 敌视心理

案例：为何总觉得别人是敌人

孙老师和王老师因为一次学术资源的分配产生了矛盾。从那以后，孙老师总是对王老师抱有敌意，甚至在会议上故意反驳对方的观点，导致两人的关系越来越僵。

敌视心理源于对他人的偏见和不理性的竞争观念，它不仅会伤害他人，更会让自己陷入负面情绪的旋涡，阻碍自身的发展。敌视的本质是对他人的误解和对自我情绪的失控，我们应该将矛盾视为解决问题的契机，而不是不可调和的对立。

那么高校教师应该如何应对敌视心理呢？

（1）冷静分析，理性分析产生矛盾的原因，不要被情绪左右。

（2）主动沟通，与对方坦诚交流，化解误会。

（3）学会原谅，放下对他人的敌意，只有这样才能释放自己的内心。

（4）关注共同目标，把注意力放在合作和共赢上，而不是彼此间的对立。

三、建交之策：高校教师应知的人际关系心理学

在高校这个充满智慧与多元文化的环境中，教师不仅需要在学术上有所建树，更需要在人际交往中游刃有余。良好的人际关系不仅能让工作更加顺畅，还能为个人成长注入源源不断的动力。

（一）把握人际交往的亲疏之道

案例：保持合适的距离

在高校这个小社会里，和不同的人保持合适的距离至关重要。我认识一位王老师，刚到学校时，他和同事们打成一片，对谁都毫无保留。可时间一长，他发现自己的一些私人想法被传开，还引发了不必要的矛盾。这就像刺猬抱团取暖，靠得太近会扎伤彼此，离得太远又会寒冷。

人际交往如同调味，过咸则腻，过淡则寡。亲疏有度，才能让关系既温暖又不失分寸。过于亲密可能导致界限模糊，过于疏远则容易显得冷漠。高校教师需要在不同的关系中找到适合的距离感。

我们要明白，每个人都有自己的舒适区和边界。与同事相处时，工作上积极合作，交流教学经验、科研心得，生活中则保持适当关心，不过度

干涉。例如，同事遇到困难，你应该主动询问是否需要帮忙，但如果对方不想多谈，就尊重其意愿。与学生交往也是一样，既要做他们的良师，也要成为他们的益友，但又不能失去师长的威严。只有把握好这个度，人际关系才能和谐长久。

（二）增强人际交往修养

1. 豁达大度

案例：容人之短，方能聚人之长

在一次学术会议上，王老师的观点与另一位教授发生了冲突，对方言辞激烈，甚至有些冒犯。王老师并未当场反驳，而是微笑着倾听，随后用幽默的方式化解了尴尬。会后，他主动与对方交流，表达了对其观点的尊重。最终，两人不仅化解了误会，还成了合作伙伴。

豁达是一种智慧，既能容纳他人的不足，也能化解自己的情绪。高校教师面对的是多元化的学术观点和复杂的人际关系，唯有豁达，才能赢得更多的尊重与支持。

那么高校教师应该如何做到豁达大度呢？

（1）学会释怀，面对批评或误解，不要急于反驳，先冷静思考对方的立场。

（2）主动示好，即使对方有些冒犯，也可以通过主动沟通来化解矛盾。

（3）培养幽默感，用轻松的方式回应冲突，既能缓解气氛，也能展现风度。

2. 克制忍让

案例：退一步海阔天空

在一次评审会上，刘教授因某位同事的意见，导致项目被否决，心中颇为不满，他虽然几次想要反驳，但最终选择了沉默。事后，他私下与对方沟通，表达了自己的看法，并提出了改进建议。对方不仅接受了他的意见，还对他的冷静和克制表示钦佩。

克制是一种力量，忍让是一种智慧。在高校教师的职业环境中，冲动往往会破坏关系，而克制则能为未来的合作留出空间。

那么高校教师应该如何做到克制忍让呢?

(1) 控制情绪，遇到冲突时，先深呼吸 3 次，给自己几秒钟的冷静时间。

(2) 选择时机，在公开场合应避免争执，私下沟通更容易达成共识。

(3) 关注大局，将目光放长远些，不要因一时的情绪而影响长期的合作。

3. 热情互助

案例：赠人玫瑰，手有余香

某高校组织了一次教学研讨会，一位经验丰富的教师分享了自己的教学心得，并帮助其他教师解决了一些教学中的困惑。这种热情互助的行为赢得了同事们的广泛赞誉。

帮助他人不仅是一种美德，更是一种投资。人与人之间的关系是相互的，热情帮助他人，就是在为自己积累人脉。当看到同事或学生有困难时，主动问一句“我能帮上什么忙吗?”。一个小小的举动，可能会成为他人心中温暖的光，也会让自己在需要时得到回报。

那么高校教师应该如何做到热情互助呢?

(1) 主动提供帮助，看到他人有困难时，不要等对方开口，而是应该主动伸出援手。

(2) 建立互助网络，通过帮助他人，逐渐形成一个互助的朋友圈。

（3）留意他人的需求，对同事和学生的需求保持敏感，及时给予支持。

4．正直守信

案例：以诚待人，方能久远

一位教师承诺在一周内为学生批改完作业并反馈意见，尽管工作繁忙，但他还是按时完成了这项工作。这种守信的行为让学生对这位教师更加信任。

正直是人际交往的基石，守信是赢得尊重的关键。在高校教师的学术生涯中，诚信不仅是职业操守，更是人际关系的核心。

那么高校教师应该如何做到正直守信呢？

（1）坚持原则，在任何情况下都要以诚信为先，不要因小利而失信。

（2）兑现承诺，答应别人的事情，无论多难，都要尽力完成。

（3）坦诚沟通，遇到确实无法完成的任务，应及时向对方说明情况，争取谅解。

5．换位思考

案例：站在对方的角度看问题

在一次课程改革中，陈老师因教学方式的改变引发了学生的不满。他没有急于辩解，而是组织了一次座谈会，倾听学生的意见，并根据学生的需求调整了部分内容。最终，学生们不仅接受了课程改革，还对陈老师的教学更加认可。

换位思考是一种同理心的体现，能让人际关系更加融洽。高校教师面对的是多样化的学生和同事，只有理解对方的立场，才能找到共赢的解决方案。

那么高校教师应该如何做到换位思考呢？

（1）倾听对方的需求，在沟通中多问“你怎么看？”“你的想法是什么？”。

（2）模拟对方的处境，尝试站在对方的角度思考问题。

（3）表达理解，用语言或行动表明你理解对方的感受和立场。

6. 给予分享

案例：分享越多，收获越多

一位教授在国际学术会议上分享了自己的最新研究成果，并邀请其他学者提出意见。这位教授不仅因此结识了许多志同道合的学者，还获得了更多的合作机会。

分享是一种智慧，给予是一种力量。高校教师的成长离不开资源的共享，而分享不仅能赢得人心，还能创造更多的机会。

那么高校教师应该如何做到给予分享呢？

（1）主动分享经验，在公开学术会议交流中分享自己的思想观点和研究成果。

（2）建立共享平台，通过微信群、邮件等方式，与同事和学生分享有价值的信息。

（3）鼓励他人分享，通过自己的分享，带动他人也参与到分享中来，形成良性循环。

7. 跨界合作

案例：跨学科实验室的蝴蝶效应

材料学院的张教授苦于实验数据不足，有一天，他在食堂偶遇了医学院的王教授，二人谈起了细胞膜研究。3 年后，两人合作开发的仿生材料获得了国家技术发明奖。庆功宴上，王教授举杯说道：“那天你递给我的餐巾纸，现在变成了科研蓝图。”

学术人的社交不必刻意经营，专业本身就是最好的社交货币。当你在自己的领域深耕出绿洲，自然会有跋涉者循着知识的清泉而来。

那么高校教师应该如何做到跨界合作呢？

（1）定期更新个人学术手账，用通俗的语言记录近期的研究成果，如同随身携带的学术名片。

（2）创设“五分钟知识交换”场景，电梯间、茶水室都能成为思想市集。

（3）建立“专业—生活”双话题库，比如可以从石墨烯聊到孩子升学政策，让对话自然展开。

此刻，我俯视着校园的林立楼宇，忽然明白真正的学术社交不是织网捕鱼，而是修渠引水。当我们停止计算人脉价值，开始关注思想流动，那些曾经刻意经营的关系，终会像春雨后的藤蔓，自然生长成通往星空的阶梯。

主要参考文献

[1] 李丹妮，郝伟．高校教师专业发展阶段及其路径研究［J］．军事高等教育研究，2019，42（3）：80-84，96．

[2] 匿名．未来教师的六种身份、三种能力和三条发展路径［EB/OL］．新东方师训讲堂，2022-04-28［2025-02-05］．

[3] 罗亮，李泓桥，史家宁．“学术民工”还是“知识精英”：高校青年教师劳动过程的多维审视［J］．中国青年研究，2023（07）：41-48．

[4] 匿名．严师德破“五唯”：高校教师职称制度迎来改革［EB/OL］．新华社，2021-01-27［2025-02-05］．

[5] 邓勇．李佩先生，令人仰慕的“精神贵族”［EB/OL］．中国科学院大学官网，2017-03-28［2025-02-14］．

[6] 脱畅．黄令仪诞辰 87 周年：只为一颗跳动的“中国芯”［EB/OL］．中国科学院大学官网，2023-12-10［2025-02-14］．

[7] 黄涛．邓稼先：如果有来生，我还选择中国［EB/OL］．学习时报，2022-06-25［2025-02-14］．

[8] 董大伟．郭永怀：把生命献给我国核事业［EB/OL］．学习时报，2021-06-09［2025-02-14］．

[9] 匿名．困境下的高校青年教师［EB/OL］．澎湃新闻·澎湃号·湃客，2022-04-14［2025-02-05］．

[10] 胡征，顾萱．IT 人员心理研究与心理素质提升［M］．北京：人民卫生出版社，2014．

［11］匿名. 学术圈有多卷？一个大学中年教师的独白［EB/OL］. 教育教学经验分享与职场生活点点滴滴，2024-09-17［2025-02-06］.

［12］胡征. 戈尔曼情商教育的探索与研究［M］. 太原：山西人民出版社，2020.

［13］胡征. 荀子教育思想现代启示录［M］. 太原：山西人民出版社，2020.

［14］顾瑜琦，孙宏伟. 心理危机干预［M］. 北京：人民卫生出版社，2013.

［15］顾瑜琦. 变态心理学（第2版）［M］. 北京：人民卫生出版社，2016.

后　　记

在本书即将付梓之际，我的内心充满了感慨与感恩。写作《师者之路：高校教师成长与超越》的过程是一段艰辛而充实的旅程，而这段旅程离不开诸多支持与帮助。

首先，我要向汉口学院的各位领导致以最诚挚的感谢。学校领导对本书的写作给予了高度重视和大力支持，从选题策划到内容撰写，始终给予我充分的鼓励与信任。在本书的创作过程中，罗爱平校长、王鹤副校长、吴怀宇副校长、程光文副校长、鲁旭东教授、袁灿处长为我提供了诸多帮助，让我倍感温暖与感激。没有他们的关怀与支持，本书的完成将难以想象。

同时，我也要感谢出版社的编辑老师们。他们以专业的素养和敬业的精神，对书稿进行了精心的编辑与校对。从文字的润色到排版的设计，每一个细节都凝聚着他们的辛勤付出。他们的专业建议和耐心指导，让本书在内容和形式上都更加完善，为读者呈献了一本高质量的作品。

在写作过程中，我的家人们始终是我坚实的后盾。他们理解并支持我的写作计划，主动承担了繁重的家庭事务，让我能够心无旁骛地专注于书稿的撰写。家人们的支持不仅体现在生活上，更体现在精神上，他们的鼓励让我总是能够在遇到困难时坚持下去，直至本书的顺利完成。我深知，没有他们的付出，本书的诞生将无从谈起。

“树高千尺不忘根，水流万里总思源。”回想 10 多年前，顾瑜琦教授引领我踏入心理学的殿堂，开启了我对人类心灵奥秘的探索之旅；马立骥教授以渊博的学识和严谨的治学态度给予了我悉心的指导，为我点亮了前行的灯塔。如今，两位教授传授的心理学学术理论知识，早已化作我学术生涯中最坚实的养分，让本书兼具心理学的学术深度与人文关怀的温度。同时还要感谢王祖山教授和涂朝莲教授给予我教学和学术上的指导和帮助。

本书的创作基于扎实的学术研究基础，它是汉口学院 2024 年校级教材建设项目、湖北省教育科学规划 2024 年度重点课题“高校青年教师创新能力形成机制研究”（编号：2024GA052）、2024 年度湖北省教育厅哲学社会科学研究专项任务项目（教师队伍发展）“拔尖创新人才培养视域下高校青年教师创新能力形成机制研究”（编号：24Z292）的阶段性研究成果。这些项目为本书的写作提供了坚实的理论支撑和丰富的实践案例，使其更具学术价值和现实意义。

然而，由于时间紧迫、任务繁重，本书在内容和观点上难免存在不妥或谬误之处。我深知，任何一部作品都不可能完美无缺，但我始终怀着一颗精益求精的心。因此，我真诚地希望各位专家和读者能够不吝赐教，提出宝贵的意见和建议。您的反馈将是我不断改进的动力，使我能够进一步完善本书，使其更加贴近高校教师的实际需求。

目前，我任教于武汉市汉口学院，如果您对本书有任何意见或建议，欢迎随时发来邮件与我进行交流和讨论，我的电子邮箱是 huzhengsunny@163. com。我期待着与每一位读者的交流，共同探讨高校教师成长与发展的更多可能。

最后，我再次向所有支持和帮助过我的人表示衷心的感谢。正是有了你们的陪伴与支持，才有了这本书的诞生。愿《师者之路：高校教师成长与超越》能够成为每一位高校教师成长道路上的灯塔，照亮他们前行的方向。

作者

2025 年春节